BESTSELLER

Rosa Villacastín se inició en el periodismo en 1970 en el diario *Pueblo*. Desde entonces, ha pasado por todos los palillos de la profesión: reportera de sucesos, de cultura y sociedad, cronista política y, desde hace algunos años, se dedica a la crónica del corazón. También ha trabajado en televisión, llegando a conducir su propio programa, *Extra Rosa*. Ha publicado varios libros, entre los que destacan *La noche de los transistores*, *El rey que paró el golpe* y *Hay vida después de los cincuenta*. Hoy, con los cincuenta y cinco años recién cumplidos, está orgullosa de ser mujer y de poder comunicarlo.

ROSA VILLACASTÍN

Hay vida después de los cincuenta

DEBOLS!LLO

Diseño de la portada: Departamento de diseño de Random House Mondadori
Fotografía de la portada: © Lola Heras

Segunda edición en DeBols!llo: abril, 2004

Printed in Spain – Impreso en España

ISBN: 84-9793-190-4
Depósito legal: B. 17.681 - 2004

Fotocomposición: Anglofort, S. A.

Impreso en Novoprint, S. A.
Energia, 53. Sant Andreu de la Barca (Barcelona)

P 8 3 1 9 0 4

A Miguel, que me ayuda a superar
todas mis angustias

Mi agradecimiento a mis padres, a quienes les debo todo lo que soy; a mi hermana; a Pilar Arranz y Marta Estévez por su colaboración, y a todas aquellas mujeres que me abrieron su corazón y que son las verdaderas protagonistas de este libro.

ÍNDICE

HAY VIDA DESPUÉS DE LOS CINCUENTA

> Hay que vivir como si una se fuera a morir al día siguiente.
>
> COCO CHANEL

La razón por la que acepté escribir este libro fue porque, habiendo pasado la barrera de los cincuenta, no entré en crisis ni sentí que el suelo se hundiera a mis pies, no descubrí dolores que no tuviera ni observé nuevas arrugas en mi piel. Es decir, mi vida no había cambiado. No había llegado a esa línea divisoria que marca el antes y el después. Sí noté un cambio de actitud de los demás cuando les decía los años que había cumplido, lo que demuestra hasta qué punto sigue viva la leyenda de que una mujer a partir de cierta edad está para sopitas y buen vino.

Teoría que me niego a aceptar, porque ni es ésa mi situación, ni la de la mayoría de las mujeres que conozco. Lo que en modo alguno quiere decir que no haya quien se sienta angustiada por la presión que sobre la mujer ejerce una sociedad que todavía se rige por cánones sociales y culturales que tienen más que ver con el pasado que con el presente. Prueba de ello es el interés que despierta que confieses, sin remilgos, que has pasado la barrera de los cincuenta, incluso que has superado esa edad, como es mi caso: primero hacen como si no te hubieran oído para acto seguido poner cara de póquer y decir: «Hija, pero si no lo parece... si apenas tienes arrugas».

Comentarios todos que con frecuencia me obligan a imitar un gesto que vi hacer a Carmen Sevilla, un día que almorcé con ella y un grupo de periodistas en el hotel Palace de Madrid.

Tiene Carmen un cutis tan bonito, una piel tan lisa y brillante que no resistí la tentación de preguntarle el nombre del cirujano que la había operado. Al oírme se levantó como un rayo de la mesa, bajó la cabeza, se echó el pelo hacia la cara, cogió mi mano derecha y me obligó a tocarle detrás de las orejas, por el cráneo, hasta comprobar que no tenía ni una sola cicatriz, señal inequívoca de que no había pasado por el quirófano. Deshecho el entuerto, nos contó que desde muy joven, todas las noches antes de acostarse se embadurna la cara, el cuello, los brazos, el pecho, con crema Pons «belleza en siete días», que para ella es fuente de juventud y belleza.

Se ha mitificado tan negativamente la edad que días antes de cumplir los cincuenta sentí un dolor intenso en la boca del estómago que no podía tener otro origen que el convencimiento de que a partir de ese momento mi vida iba a cambiar. No sabía muy bien en qué sentido, ni cómo, ni siquiera si sería positivo o negativo el cambio, pero algo sí iba a ocurrir. Así que lo primero que hice esa mañana, al levantarme, fue armarme de valor y seguir al pie de la letra el consejo de una amiga que ya había pasado por el mismo trance.

En vez de saltar de la cama como un relámpago, que es lo que hago a diario, tuve buen cuidado de hacerlo a cámara lenta: primero, con el pie derecho, después con el izquierdo y, una vez que sentí la madera bajo mi piel, me dirigí al cuarto de baño como quien va al matadero. Casi temblando, encendí las luces y, en camisón, sin gota de maquillaje, con la cara lavada y sin artilugios de ningún tipo me enfrenté a mis recién estrenados cincuenta. Para que no hubiera engaños, me planté ante un espejo de aumento que utilizo para depilarme las cejas. No quería que en una fecha tan señalada se me fuera a pasar por alto una pata de gallo.

Con paciencia infinita escudriñé cada poro de mi piel, cada arruga, cada gesto, cualquier indicio que indicara que mi vida había cambiado en algo, que mi cuerpo ya no era el mismo, que mi mirada había perdido alegría... No encontré nada especial, pero reconozco que sí me dio rabia comprobar que todo eso lo hacía porque empezaba a sufrir una enfermedad muy extendida pero difícil de detectar por los especialistas: padecía, ¡válgame Dios!, un ataque de ego desmedido.

Después de meditar mucho, de comprobar que todo seguía en su sitio, que la actitud de mi pareja esa mañana era la misma de siempre, llegué a la conclusión de que tenía que plantar cara a los años si no quería caer en el mismo error que tantas veces he combatido. Me juré no ocultar mi edad porque de hacerlo estaría dando argumentos a quienes demonizan a las mujeres por el simple hecho de cumplir años, como si eso no fuera una suerte en vez de la mayor de las desgracias.

Seamos sinceras: ¿a quién puede importarle tu edad, o la mía, más que a nosotras? Y lo peor: ¿cómo es posible que nos preocupemos por esas menudencias habiendo como hay enfermedades tan graves y problemas insalvables?

Desde entonces, y de esto han pasado ya cinco años, no es que no le dé importancia; desde entonces saboreo con glotonería cada año que cumplo sabiendo que efectivamente llegará el día en que no sé si tendré el valor necesario para levantarme con el pie derecho, ir al cuarto de baño y escudriñar cada poro, cada arruga de mi cara.

Imagino que muchas lectoras pensarán que peco de ingenua o quizá de demasiado optimista. No lo crean. Yo, como casi todas —me niego a seguir hablando de mujeres de mi edad como si fuéramos las momias de Tutankamón—, he experimentado en mis carnes los cambios fisiológicos que se inician con la menopausia y que en mi caso terminaron en el preciso instante en que me planté ante Carmen Menéndez, mi ginecóloga, y le dije que no estaba dispuesta a sufrir un sofoco más. Especializada como está en asuntos de este tipo, me puso un tratamiento hormonal sustitutivo que eliminó de un plumazo sudores, nerviosismo y preocupaciones futuras.

Se insiste mucho desde la Sociedad Internacional de la Menopausia en que ésta no es una enfermedad y que, por tanto, no tenemos que contemplarla con temor. Es una etapa más de la vida que hay que afrontar con naturalidad, igual que afrontamos ser mujeres a edades tempranas, ser madres o ser funcionarias.

En buena lógica, es absurdo pensar que los cincuenta son el momento en que la juventud llega a su fin, ya que de ser así estaríamos partiendo de una base falsa. ¿Por qué no les parece descabellado que cuando tenemos que recoger los frutos que hemos sembrado nos digan que estamos acabadas y que, debido a que ha cesado nuestro ciclo reproductor, nuestra vida ha tocado a su fin? O al menos tan absurdo como creer que los hombres, por el hecho de serlo, no sufren los trastornos típicos de la edad. Yo diría que no los acusan de la misma manera que nosotras, pero claro que los sienten. Tanto que ese período suele coincidir con la aparición de un virus muy extendido entre la población masculina: al llegar a la cincuentena son muchos los que se sienten casi obligados a cambiar de mujer, de coche, de casa, porque creen que de esa manera se liberarán de una madurez que les resulta incómodo aceptar.

El miedo al deterioro físico, al dolor o la muerte es inherente a la persona, ya sea hombre o mujer. Incluso ahora que podemos llegar a una edad avanzada en buenas condiciones físicas, hay momentos en los que nos planteamos qué será de nosotras cuando las personas a las que queremos nos hayan abandonado, o cuando no podamos valernos por nosotras mismas. Más que a la muerte tenemos miedo a la enfermedad o a la invalidez, pero ante eso lo mejor es hablar del tema para ver que no eres tú sola quien siente ese malestar y que la edad nada tiene que ver con un sentimiento que invade por igual a niños que a mayores. De manera que hay que sufrir lo justo y sólo por aquellos problemas que verdaderamente sean importantes.

Tenemos la enorme suerte de que la ciencia trabaja a nuestro favor. Prueba de ello es que las mujeres hemos empezado a percibir una realidad más optimista respecto a nuestro futuro que la que tenían nuestras antepasadas. Ahora vivimos un momento en el que la principal novedad es que tenemos vida propia, lo que nos permite empezar a edificar un mundo más acorde con nuestra forma de ser y actuar. Basta con seguir ese antiguo precepto médico que dice «Más vale prevenir que curar» para que nuestras perspectivas de vida mejoren sustancialmente.

Las mujeres vivimos una tercera parte de nuestra vida después de la menopausia. Siendo así, ¿cómo es posible que alguien piense que no hay vida a partir de los cincuenta? La hay, y a veces es más gratificante que la adolescencia, que la juventud, siempre y cuando seamos lo suficientemente valientes como para tirar por el sumidero tantos mitos como nos han condicionado en el pasado. Porque, díganme, ¿para qué quiero yo un rostro liso como una tabla? ¿Para qué borrar de un plumazo cincuenta y cinco años de mi vida? Cincuenta y cinco años de experiencias, con lo que cuesta adquirirlas, de alegrías y fracasos, de sonrisas y lágrimas. Pero, sobre todo, ¿qué ganaría con ello? ¿Engañarme o engañar a los demás? Porque una cosa es conservarse bien y otra muy distinta vivir sometida a la esclavitud de la cirugía, de la estética, de la moda, lo que nos conduciría a un viaje a ninguna parte.

Puestas a cambiar, propondría eliminar de una vez por todas esas normas que nos fueron impuestas por una sociedad machista, y que tan negativamente han influido en nuestras vidas y en nuestras relaciones. Si verdaderamente queremos cambiar el concepto que los hombres tienen de nosotras, debemos empezar a hacerlo con todas sus consecuencias y desde cero. Porque ¿conoces a alguna mujer tan perfecta que no le gustaría tener los ojos y la nariz de Liz Taylor en sus años mozos, o el culo de Jennifer López? Hombres y mujeres sabemos que la perfección no existe, aunque tratemos de acercarnos a ella lo más posible.

Hace años oí decir a una prestigiosa periodista que le gustaban los hombres con barriguita porque eran más amorosos que los cuerpos Danone. También hay hombres felices con mujeres que nunca ganarían un concurso de belleza. Siendo así las cosas, si viviéramos los años suficientes como para verificar los cambios que se producen en sectores como el de la moda o la estética, comprobaríamos que lo que hoy se lleva, dentro de unos años habrá pasado al baúl de los recuerdos.

Así, cuando, por ejemplo, veo fotos mías o de mis amigos de hace veinte o treinta años pienso: ¡Qué horror!, si estoy más joven ahora. Seguramente es un efecto óptico por la moda que imperaba en aquellos años: pelo cardado, zapatos con plataforma, faldas de tubo... Lo que no deja de ser una gran contradicción es que cuando tenía dieciocho años quisiera aparentar treinta y ahora que tengo cincuenta y cinco compre ropa que podría llevar una de veinte.

Más importante que tener la nariz respingona o pesar cincuenta o sesenta kilos es averiguar por qué se valora tanto la juventud y la belleza. Estoy segura de que ello se debe a que son los hombres quienes marcan las pautas a seguir. Un error del que no estamos exentas las mujeres por aceptarlas y no imponer nuestras propias reglas de conducta.

¿Qué político o empresario se atrevería a soportar la presión de un ejército compuesto por millones de mujeres? Ninguno. Entonces, ¿por qué no reaccionamos? ¿Por qué nos resignamos a ser las conejillas de Indias de una sociedad que sigue comportándose con nosotras como si fuéramos ciudadanas de segunda que necesitan que alguien les guíe para llegar a la meta? Una sociedad que pese a los cambios que ha sufrido la mujer sigue comportándose con nosotras como cuando llevaban miriñaques en vez de sujetadores tan ligeros que parecen la prolongación de nuestra piel.

Suerte que los científicos, al contrario que algunos diseñadores, que algunos directivos de televisión, que algunos hombres, sí trabajan a favor de la mujer. Gracias a los cuales podemos utilizar la píldora anticonceptiva y unos tratamientos hormonales sustitutivos que nos han ayudado a conseguir mayores cuotas de libertad y una mayor calidad de vida, que al fin y al cabo es de lo que se trata.

La «visa oro» de la mujer

Es indudable que hace tres o cuatro generaciones las mujeres que llegaban a los cincuenta lo hacían en inferioridad de condiciones que los hombres y en clara discriminación porque se suponía que habían llegado al declive físico. Es más, hace treinta años, las mujeres que llegaban a los cincuenta y que habían sido educadas para crear un nido en el que dar continuidad a la especie y a la institución familiar, si no lo conseguían, consideraban que su vida era un rotundo fracaso.

En cambio, en el año 2003 los cambios nos son tan favorables que los cincuenta han dejado de ser el punto de no retorno en la vida de la mujer. No sentimos ya al cumplirlos el vértigo que sentiríamos si de pronto nos viéramos suspendidas de un hilo al borde de un acantilado. Hay que desmitificar la edad y dejar de compadecernos porque son muchas más las ventajas que los inconvenientes, tal y como afirma el sociólogo Lorenzo Díaz: «La mujer de cincuenta vive ahora una situación dulce, aunque ha habido un intento de demonizarla diciendo que es invisible. Falsa teoría, porque una mujer de cincuenta, con los hijos crecidos y con un principio de realidad profesional correcto, es hoy la reina del mambo. Nada que ver con la mujer que hizo posible la transición. No olvidemos que la mujer en esos años tenía que jugar en dos frentes, el de las libertades políticas y el de las reivindicaciones como mujer, ya que era una mujer secuestrada por la sociedad».

Un retrato que confirma la teoría de que los cincuenta deberían considerarse algo así como la «visa oro» de las mujeres, el espejo en el que deberían mirarse las más jóvenes, y no a la inversa. De ahí que no comprenda el desmedido interés de la industria, de los medios de comunicación, de la publicidad por potenciar la juventud y la belleza en detrimento de la madurez y la experiencia, cuando son precisamente las mujeres maduras las más preparadas, las que más consumen porque son las que disponen de más recursos económicos propios.

Con este panorama como telón de fondo, diría que quienes nos marcan las normas a seguir tienen un buen lío en la cabeza, amén de cometer un grave error, porque, como bien dice Lorenzo Díaz: «La belleza y la juventud son un valor de cambio, lo que ocurre es que en los diez primeros kilómetros del maratón van las primeras, pero al llegar a la meta van al final. En definitiva, una mujer con el oficio aprendido, con la carrera terminada y colocada en el mercado de trabajo es una ganadora respecto de una mujer que utilice sólo sus armas, porque el reinado de éstas es siempre efímero».

Durante los muchos años que llevo ejerciendo el periodismo, he tenido oportunidad de conocer y entrevistar a muchas mujeres, la mayoría de las cuales sostienen que, aunque el paso de los años les importa, han tratado de adaptarse a él sin complejos y sin traumas. Dice la actriz Julia Gutiérrez Caba: «Los años siempre pesan, no sólo las arrugas, te pesan miles de cosas... Pero cuando noto una actitud de los demás un poco protectora, como dirigiéndose a una persona mayor, yo siempre pregunto a quién se referirán».

Coincido plenamente con Julia porque es una sensación que he sentido en algunos momentos de mi vida, incluso cuando tenía menos años. Y eso que estoy convencida de que con los años ganas en seguridad, en madurez, porque sabemos lo que no queremos volver a hacer. Dice Concha Cuetos: «Yo estoy abierta a todo lo bueno que pueda darme la vida. Es más, ahora me enfado mucho menos, me tomo las cosas con mucha más filosofía, con más suavidad. Siempre he sido bastante transigente, porque me lo ha dado mi formación, pero ahora lo soy mucho más».[1]

Más llamativo que la edad es la intransigencia de la gente con quien es capaz de imponer su propio estilo de vida. Es el caso de Lucía Bosé, a quien no le importa salir a la calle con la cara lavada, el pelo de un azul intenso, la

1. *Diez Minutos*, 7 de abril de 2000.

ropa ancha y cómoda: «Son muchos los amigos españoles e italianos que se escandalizan cuando me ven así. Pero qué tendrán que ver los años con el color del pelo. Yo fui la primera que se puso pantalones en este país —me echaban de todos lados—, y me divorcié cuando pocos lo hacían. A este país lo que le falta es educación, cultura. Yo creo que la mujer está un poco apartada, pero por culpa nuestra, porque no nos ponemos en nuestro sitio».[2]

Habrá quien piense que estas mujeres son una excepción porque se trata de actrices famosas, y ciertamente lo son, por eso he querido recabar también la opinión de un cirujano plástico, el doctor Ramón Roigé, por cuyas manos han pasado mujeres de todas las edades y de todas las clases sociales, para que me dijera cómo influyen los años en el ánimo de las mujeres, sobre todo en aquellas que han pasado los cincuenta: «Hay que distinguir entre las que pertenecen a las clases con menor poder adquisitivo, ya sean casadas o solteras, que se dedican por entero a la familia, y que asimilan de forma conformista el paso corporal adquirido con los años, y las de clase media, que se envuelven en el mundo que les rodea, que se cuidan y que se empiezan a querer mejorando su aspecto físico. Mujeres todas que es difícil que pidan el divorcio porque necesitan tener una vida segura.

»En segundo lugar están las que, perteneciendo a la clase media, trabajan, tienen estudios, saben bien lo que

2. *Diez Minutos*, 22 de septiembre de 2000.

quieren y están dispuestas a conseguirlo, incluso el divorcio, ya que su principal objetivo, una vez que los hijos son mayores, es triunfar en su profesión. De ahí que no duden en hacerse la cirugía estética porque les gusta competir con sus homólogas en cuanto a la belleza se refiere.

»Mención aparte merecen las nuevas ricas o de clase alta sin trabajo que han hecho de la cirugía estética su hobby más preciado, hasta el punto de que compiten entre ellas hasta extremos inimaginables. Son esas que no se separan aunque sepan de antemano que su marido tiene una amante. En el aspecto sentimental, el poder económico es para ellas más importante que el amoroso. Lo que no quiere decir que en ese grupo no haya mujeres cultas y trabajadoras, pero desgraciadamente cada vez son menos.

»Por último, están las obsesionadas con el culto al cuerpo —que no depende de la clase social a la cual pertenezcan—, que llegan a tales extremos que suelen convertirse en enfermas. Son las psicobsesivas que pasan por varias consultas médicas en un mismo día, para caer finalmente en manos de desaprensivos, poco profesionales que las destrozan poniéndoles labios en forma de airbag, pómulos sobredimensionados, caras inexpresivas, mamas gigantes. Son mujeres que suelen terminar mal, muy inestables emocionalmente, desequilibradas que nunca se verán bien».

Con un panorama como el descrito por el doctor Roigé, es indudable que a las mujeres nos queda mucho camino por recorrer, no en cuanto a derechos se refiere, porque ésos los tenemos reconocidos en la Constitución, pero sí en la forma de llevar nuestra vida.

Lo que diferencia a los hombres de las mujeres, aparte de los aspectos físicos, es mínimo, pues también a ellos se les cae el culo, ensanchan de cintura, tienen papada, lloran cuando algo les duele y gritan cuando están histéricos. Lo que nos diferencia es la forma de concebir la vida, la forma de sentir el amor, la amistad, la maternidad. No se trata de estar en guerra permanente con los hombres, ni los hombres con las mujeres, sino de que nos respetemos y nos aceptemos como somos y no como les gustaría que fuéramos. Primer mandamiento si queremos sacarle el jugo a la vida.

DOS MUJERES Y UN DESTINO

La libertad de las mujeres es la de
todos los seres humanos.

Asociación de mujeres juristas
THEMIS

Para saber hacia dónde vamos, he intentado averiguar antes cómo vivieron los cambios que se llevaron a cabo antes y después de la Transición aquellas mujeres que a finales de los setenta se encontraban en el ecuador de su vida.

No ha sido fácil la elección, porque fueron muchas las que se dejaron alma, corazón y vida en su empeño por transformar la sociedad española. Finalmente opté por dos que, siendo conservadoras en las formas, rompieron barreras que parecían infranqueables, lo que les obligó a enfrentarse a un mundo poco amable con las mujeres independientes en lo económico y que habían abandonado el nido familiar para forjarse golpe a golpe su propia trayectoria profesional y sentimental.

Pilar Narvión, columnista del diario *Pueblo*, y María Socorro Tellado —más conocida como Corín Tellado, la reina de la novela rosa—, no son una excepción. Cada una a su manera, optó por ser el espejo en el que se han mirado muchas españolas que, como ellas, se vieron sorprendidas por unos cambios que transformarían nuestra vida.

Muy adelantada a la época que le tocó vivir, la novelista asturiana lleva a gala no haber dependido de nadie desde que a los dieciséis años comenzó a escribir como válvula de escape a una existencia monótona, carente de atractivo, en la que jugó un papel secundario hasta que tomó las riendas de su propia vida.

Casada con Domingo Egusquizaga, un vasco alto, guapo y rubio como la cerveza, pronto decide separarse porque, según me contó hace unos meses en su casa de Gijón, era un hombre con una mente corta: «Él con otra mujer hubiera sido muy feliz, y yo con otros hombres que conocía, también».

Cuatro años duró el matrimonio, fruto del cual son sus dos hijos, Begoña y Chomin. La decisión de separarse no debió de resultarle fácil, aunque la suavizó el hecho de que ya por aquel entonces la escritora era una mujer rica y famosa que no quería cargar sobre sus espaldas una relación que no le satisfacía lo más mínimo.

Mientras vivió su ex marido, Corín no quiso pedir el divorcio, porque: «La Iglesia y los curas nos lavaron mucho el cerebro, nos mintieron. Honestamente, creo que el acto sexual no es pecado, pero nos hicieron creer lo contrario. Yo iba a misa todos los días cuando era niña hasta que me enfrenté con un cura que cuando me confesaba me preguntaba cosas que me parecían inmorales. Volví a la iglesia cuando mis hijos se hicieron mayores y tuve que predicarles con el ejemplo. Siempre pensé que el sexo no era pecado, pero no se lo dije a mis hijos. A ellos les eduqué de otra manera. Tuve que ser severa, y a veces me lo reprochan. Pero creo que fui como tenía que ser».

Muy diferente a Corín Tellado ha sido Pilar Narvión, que no se casó porque según dice no quiso complicarse la vida y porque tampoco ha sentido apremio alguno por encontrar a su media naranja: «Pertenezco a una generación en la que a la mujer no le estaba permitido echar una canita al aire. Desde que conocías a un chico hasta que te cogía la mano tenían que pasar seis años. Yo nunca me propuse no casarme, lo que ocurre es que no se me cruzó el hombre con el que verdaderamente pensase que iba a ser feliz. Posiblemente ha habido una circunstancia que no favoreció mi matrimonio y es que, en la edad en la que normalmente tendría que haberlo hecho, yo vivía fuera de España, y a mí los franceses no me gustaban y los italianos menos. Seguramente la razón por la que no me casé es porque la naturaleza física de cada uno imprime carácter; hay mujeres que son muy apasionadas y necesitan el sexo, yo no. Si hubiera sido de ese tipo de mujer, seguramente me habría casado porque, hasta mis treinta años, sólo se podía practicar el sexo con el marido. Y como yo no he estado sujeta a apremios sexuales porque he sido una mujer muy tranquila, tampoco he necesitado marido».

Es indudable que tanto a la novelista asturiana como a la periodista aragonesa les influyó su condición de escritoras, que les permitió desenvolverse más libremente que quienes vivían dedicadas por entero a su familia. Así, por ejemplo, durante los años que Pilar trabajó en Italia y en Francia, vivió en un hotel, y comía y cenaba en restaurantes sin otra compañía que su propia sombra.

En cambio, Corín, una vez que se instaló en Gijón, donde todos le conocían, decide llevar una vida tranquila y sin sobresaltos, porque cualquier desliz le hubiera supuesto estar en boca de media ciudad. De ahí que volcase toda su energía, que es y ha sido desbordante, en inventarse personajes que no existían más que en su imaginación, y que fueron creciendo al mismo tiempo que ella madurando.

Recuerda Pilar que ya a los trece años su padre le regaló una máquina de escribir que todavía conserva. Fue en esa máquina donde escribió su primer artículo, que envió al semanario *Domingo*, propiedad de su tío Mariano Romance, que se publicaba e imprimía en Alcañiz, y donde siguió colaborando como escritora de novelas cortas durante dos años más. Trabajos por los que llegó a cobrar 150 pesetas de la época, que era mucho dinero para una jovencita de su edad.

Como a los quince años Alcañiz se le queda pequeño, Pilar se marcha a Madrid, donde consigue una beca para estudiar periodismo. A partir de ese momento su vida rueda por caminos muy bien asfaltados, seguros, pues a ella no le gustan ni las aventuras ni los sobresaltos.

A la pregunta de «¿Cómo vivieron los cambios que tuvieron lugar en España tras la muerte de Franco?», ambas contestan al unísono: «¡Con asombro!». Aunque lo que más les llamó la atención fue a la velocidad a la que se producían los acontecimientos. Dice Pilar: «Lo que a las europeas les costó medio siglo, tres o cuatro generaciones, las españolas lo conseguisteis en muy poco tiempo. Franco murió un lunes, y las chicas de tu generación pisasteis el acelerador y al lunes siguiente estabais quinientos kilómetros más allá que el resto de las europeas. Vuestra generación cogió el rábano por las hojas y os pasasteis, claro que os pasasteis. Y os pasasteis —insiste la periodista— porque no podíais estar celosas de vuestras parejas, no os dejabais invitar por un chico porque queríais la igualdad con todas sus consecuencias, y al final no sabíais si era vuestro novio o vuestro amante. Estabais liberadas de una enorme cantidad de cosas, pero la mayoría se pasaron veinte pueblos. También ahora se pasan, porque vuestras hijas, o las hijas de vuestras amigas, chicas de catorce o quince años, se van los viernes de casa y no vuelven hasta el domingo. Sin embargo, ocurrió algo que favoreció la incorporación de la mujer al mundo del periodismo, aunque no sea representativo del resto de las mujeres españolas. Un grupo de periodistas del que tú, Rosa, formabas parte y a las que yo traté y conocí bien. Un grupo que hicisteis un asalto al periodismo de una forma enormemente inteligente, porque enseguida os disteis cuenta de que le podíais sacar un partido tremendo al hecho de ser mujeres porque los hombres son tan tontos que, ante las periodistas, se comportaban como hombres y no como profesionales que eran. Los hombres nunca bajan la guardia si hablan con otro hombre aunque éste sea periodista y, sin embargo, lo hacen cuando están con una periodista. En la época de la Transición, la buena información salió de la pluma de las mujeres. Y ellos eran tan tontos que caían en esas redes».

Para Corín Tellado, la diferencia entre su juventud y su madurez, que, como he dicho, coincide con la muerte de Franco y la transición política, es notoria: «Dada mi edad y la vida que yo llevaba en Gijón, muchas de las cosas que ocurrían en Madrid o en Barcelona me pasaban desapercibidas, porque no estaba en primera línea. No obstante sé que, antes de la transición, la mujer estaba atada de pies y manos, hasta el punto de que si cometía adulterio y su marido la sorprendía, podía matarla a ella y al amante sin que eso repercutiera en absoluto en el futuro del asesino. Dicho esto, y teniendo en cuenta que han transcurrido veinticinco años desde entonces, considero que las mujeres que tenían treinta o treinta y cinco en esa época se perdieron algunas cosas que la sensibilidad humana usaba para llenar tantos vacíos. Me pareció exagerado el destape que se inició en Madrid. Se hizo con demasiada prisa, y ese apresuramiento ha traído al mundo, al menos al español, la droga, el sida, y tantas otras situaciones negativas, cosas que ahora estamos viviendo con desilusión, por una parte, y con preocupación, por otra».

Cuando conocí a Pilar Narvión en 1975, estaba recién llegada de París, donde trabajó durante diecisiete años como corresponsal del diario *Pueblo*. Poco tiempo después la nombraron directora adjunta del periódico, siendo ésta la primera vez que una mujer ocupaba un puesto con mando en plaza, lo que le permitió potenciar el trabajo de las mujeres dentro y fuera de la redacción.

Extrovertida como era, pronto intuyó que había llegado la hora de que las mujeres tomasen las riendas de la información política. Fue decisivo su apoyo para sustituir a los «viejos» cronistas parlamentarios por intrépidas redactoras que pronto nos convertiríamos —y perdonen mi inmodestia— en las reinas de la información parlamentaria.

Hoy, a sus ochenta años, Pilar Narvión vive retirada del mundanal ruido, pero sigue siendo la mujer vital, optimista, que conocí hace veinticinco: viste con coquetería, sin una gota de maquillaje, el pelo rubio recogido en un moño, los ojos inmensamente azules, y nadie al verla diría que tiene esa edad. Prueba de su vitalidad es que le ha pedido a su sobrino, Javier Capitán, que le regale un viaje en globo que es, según me dijo, la única asignatura pendiente que tiene: «La evolución de la vida ha sido tan grande que lo que antes era la meseta de los treinta, luego fue la meseta de los cuarenta y ahora es la de los cincuenta. Y es que hasta esa edad, el hombre y la mujer tratan de subir porque se es más ambicioso. Pero cuando llegas a la meseta de los cincuenta te das cuenta de que ganas en tranquilidad y seguridad. A los cincuenta empieza la edad dorada de las personas».

Nada vanidosa, hay algo que sí le gusta reivindicar a Pilar, y es su trayectoria profesional y la de otras periodistas que como ella forman parte ya de la historia de nuestro país: «Ten en cuenta que cuando vosotras llegasteis al periodismo, el campo para hacer el cambio estaba labrado. Fue Pepita Carabias —madre de Carmen Rico-Godoy— la que rompió filas en los años treinta. Por aquellos años, ella trabajaba en *Estampa* y en *Ahora*.

»Yo me vine de Zaragoza a estudiar periodismo a Madrid. Era el año cuarenta y cinco, y fui de la quinta promoción de la Escuela de Periodismo. Éramos sólo cinco mujeres, pero en la anterior no había habido ninguna, y en la tercera, sólo tres. Si tuviera que definirnos, diría que éramos muy rompedoras para la época, porque nos habíamos ido de casa para estudiar. De forma que cuando yo entré a trabajar en *Pueblo* era la primera periodista mujer que trabajaba allí. Quizá por eso el director les advirtió a mis compañeros que se habían acabado los chistes verdes. Cómo sería la cosa que un día don Rafael Ortega me regaló una caja de bombones para pedirme perdón porque no se había dado cuenta de que yo había entrado a la redacción cuando él estaba contando un chiste subido de tono».

Una de las cosas que más le sorprendió a Pilar cuando volvió a España fue lo malhabladas que éramos las españolas, las de todas las edades, y la cantidad de tacos que soltábamos por nuestra boquita de fresa. Una actitud que está directamente relacionada con esa necesidad que teníamos las jóvenes de emular a los hombres y actuar como ellos porque pensábamos que sólo así nos respetarían.

Tanto Corín como Pilar han sido mujeres sin complejos, a las que les importaba poco lo que de ellas pudieran decir sus convecinos o compañeros de profesión. Dice la escritora asturiana: «Nunca miré a los demás, y me tenía sin cuidado lo que pensaran de mí en mi entorno familiar o social. Pero si he de ser sincera, nunca noté diferencias ni para criticarme ni para alabarme. Tal vez eso se debió a mi condición de escritora, que se iba reconociendo poco a poco. Por otra parte, no soy mujer capaz de soportar un matrimonio negativo, y no lo soporté».

Quienes han seguido las andanzas de las protagonistas femeninas de las novelas de Corín Tellado saben que éstas evolucionaron al mismo compás que la sociedad, quizá no al mismo ritmo, pero lo suficientemente deprisa como para que aprendieran cosas que ningún maestro les había enseñado: «Creo que las mujeres aprendieron conmigo, a veces leyéndome a la luz de las velas, ya que la vida en mis novelas era muy diferente a como se reflejaban en la vida real: sin libertad, aferradas a unos conceptos que no existían, y la prueba la tengo ahora. Después de cincuenta y siete años escribiendo, me encuentro con personas que me besan y me dicen: "Gracias a sus novelas he aprendido a amar"».

Prueba de que lo que dice la novelista es cierto son las veces que la censuraron: «Bastaba que escribiera "lo juro" para que empezaran a tachar líneas con tinta roja, de tal manera que, gracias a eso, aprendí a insinuar más que a decir, lo que encantaba a mis lectoras».

Las razones por las que Corín no quiso rehacer su vida sentimental son las mismas por las que muchas viudas no vuelven a casarse: «He vivido como he querido [hay que tener en cuenta que se separó en el año sesenta y dos, y que sólo estuvo casada cuatro años] y he escrito novelas atrevidas cuando nadie lo hacía. Lo más fácil era disfrutar de una vivencia sin escándalos, pero la verdad es que no he dado nunca motivos para que pudieran juzgarme negativamente. Pienso que el motor de la vida es el amor, y sólo la cinematografía y la literatura abundaron en algo que nació así, con raíces profundas».

Ya en el atardecer de su vida, las mayores alegrías se las proporcionan sus hijos y sus nietos: «La maternidad me aportó ternura, un gran amor maternal, si bien eso no influyó en modo alguno en mí para negar la situación de la pareja. Son dos cosas distintas. El amor de madre y el amor de mujer sólo se juzgan por la palabra. El sentido amoroso del hombre es muy distinto. El hombre y la mujer han de ser cosa aparte, y yo entiendo que si esa pareja es feliz, también serán unos padres amorosos y comprensivos».

Respecto a cómo asume la vejez, confiesa que lo que más le molesta es verse las manos porque «la enfermedad [lleva años recibiendo diálisis en su casa] me las secó y las tengo arrugadas y hechas polvo. Yo tenía unas manos preciosas y una piel muy bonita, pero, claro, se me seca porque no puedo beber agua y también porque paso hambre. Cuando muera quiero que me incineren, pero que en mi epitafio pongan: "Murió con el sambenito de que nunca pudo publicar una novela grande, y va muerta de sed y de hambre". He perdido la ilusión a largo plazo».

Afirmación que contrasta con su enorme actividad literaria. Cincuenta y siete años escribiendo novelas son muchos años para alguien que comenzó bebiendo de las fuentes de escritores como Arthur Miller, y a la que no han escatimado elogios escritores de la talla de Cabrera Infante, García Márquez o Vargas Llosa. Con razón, porque gracias a Corín muchas hispanohablantes aprendieron a leer, a amar, a besar.

Considerada por el Guinness de los récords como la autora de habla hispana más difundida fuera de España después de Cervantes, con más de cinco mil volúmenes publicados, Corín no termina de saborear el éxito que ello supone porque no quiere morir sin publicar algunas novelas que guarda en un cajón, ya que por lo demás ha cumplido con creces todos sus sueños. Y todo ello sin moverse de su querida ciudad de Gijón, que ha vivido su fama con total normalidad.

Pilar, al igual que Corín, asume la edad con naturalidad: «La vejez te da un sentimiento del tiempo que antes no habías sentido porque sabes que eso es lo que ya no tienes. Cuando miro mi biblioteca, por ejemplo, sé que la mayoría de los libros que están ahí no los podré leer. A mi edad sabes que no te queda mucho tiempo».

Si en algo coinciden estas dos mujeres es en que la independencia económica es fundamental, no para alcanzar la felicidad, pero sí al menos para rozarla con la punta de los dedos.

SE ACABÓ LA MUJER FLORERO

> No he visto que haya diferencia de capacidad de pensamiento abstracto entre hombres y mujeres.
>
> MARGARITA SALAS

Si algún reproche hago a quienes nos antecedieron en la lucha por la igualdad y la libertad es que no nos explicaron lo duro que era abandonar la tradición, lo duro que era seguir luchando entre fogones, entre sábanas, con el espejo, con el ordenador y con la educación.

Ser una *superwoman*, disponer de nuestros propios recursos, formar o no una familia, crear espacios en los que nos sintamos cómodas, nos está suponiendo tal esfuerzo que muchas piensan si no sería mejor tirar la toalla. ¡No, por Dios!, porque de hacerlo estaríamos dando cerrojazo a un período histórico que dura ya cien años, y que ha sido el marco de una de las revoluciones más formidables de la humanidad.

En apenas un siglo hemos pasado de la nada a lo mucho, de no poder votar, de no poder estudiar en las universidades, de no poder firmar un cheque sin el permiso del marido o del padre, de no poder dirigir nuestro destino, a ser iguales ante la ley que nos ampara y protege.

La compensación a tantos sinsabores es la independencia económica que hemos alcanzado, y que nos ha permitido llegar hasta lugares insospechados, no sin dificultades, no sin riesgos, no sin desgarros, pero al menos con igualdad de derechos y deberes con respecto a los hombres. Y eso es lo verdaderamente importante. Lo que no quiere decir en modo alguno que tengamos que dormirnos en los laureles. Muy al contrario, ahora más que nunca tenemos que luchar por conservar lo que tenemos poniendo en práctica nuevos métodos educativos, perfiles de mujer que logren calar en una sociedad que sobre el papel ha erradicado el machismo pero que en la práctica sigue discriminando a las mujeres, en la casa, en el trabajo, practicando comportamientos que distan mucho de ser los que dicta la Constitución.

Es indudable que los hombres son el resultado de una educación, de unas leyes que les han amparado, que les han protegido, de unas familias que desde el momento de nacer ya ponían a los hombres en un altar sólo por tener atributos físicos que las niñas no tenían.

Aunque como dice Paca Sauquillo, eurodiputada del PSOE: «En ese proceso ha habido muchas mujeres que no han asumido el papel colectivo de las mujeres progresistas, lo que nos ha impedido conseguir la igualdad plena. En estos veinticinco años ha habido una primera etapa ilusionante, una segunda de consolidación teórica, que no práctica, y una tercera en la que estamos retrocediendo. Hemos conseguido que se hable de las mujeres, pero no hemos conseguido el poder, que es lo que nos permitiría cambiar la sociedad».

Opinión que difiere de la de Inés Alberdi, catedrática de sociología de la Universidad Complutense de Madrid, que es más optimista en cuanto al presente de las mujeres: «Se han reforzado con valores como la formación, el saber, la capacidad de trabajo, la experiencia. Las mujeres estamos ahora más seguras que lo estaban hace veinte años, gracias a su mejor preparación, lo que nos hace sentirnos más satisfechas. Cuanto más se desarrolle la capacidad personal de las mujeres más se acrecentará su valor. De hecho, se van acortando las diferencias respecto a los hombres, de ahí que tendríamos que ser más optimistas, porque hemos avanzado mucho».

¿Por qué, entonces, no lo somos? Sencillamente porque en ese avance por la igualdad las mujeres hemos cuadruplicado nuestras obligaciones, sin renunciar a todo lo que para nuestras madres era prioritario, tanto a nivel de pareja como a nivel familiar o social, y porque aunque luchemos por ser iguales seguimos siendo diferentes, no en capacidad intelectual, puesto que hemos demostrado que valemos igual que los hombres, sino en el hecho de ser trabajadora o trabajador, ser madre y ser padre, ser política o político. Un trabajo que nos deja exhaustas y a ellos desconcertados.

Recuerda Inés Alberdi: «Hace cuarenta años estaba muy mal visto, por ejemplo, que te fueras de viaje sola, que no estuvieras en casa cuando volviera tu marido de trabajar. Ahora todo eso se acepta, se ha producido un cambio. Lo que pasa es que ha sido un cambio que no hemos sido capaces de racionalizar, de teorizar y de aprovechar. Y se está produciendo un fenómeno de hombre sin autoestima, que no sabe dónde está, y eso hay que cuidarlo, porque, si estamos hablando de una sociedad igualitaria, eso no puede pasar.

»Para que una pareja se entienda tiene que haber intercambio de opiniones, no competitividad, pero sobre todo respeto. Si no lo hay, se está en una constante falta de autoestima personal, porque para que uno triunfe el otro tiene que sacrificarse».

Con esta radiografía, es lógico que se produzcan desencuentros, especialmente entre quienes fueron educados para ser el cabeza visible y quienes lo fueron para desempeñar el papel de esposa y madre. Roles que han sufrido cambios profundos desde el momento en que la mujer se ha incorporado al mercado del trabajo.

Según el sociólogo Lorenzo Díaz: «Ahora el hombre patriarcal está en su cuartel de invierno, destrozado, desarbolado, hecho una ruina, no sabe para dónde tirar. Es un hombre que se ha reeducado en este nuevo enfrentamiento hombre-mujer, y los hay que padecen lo que se conoce como el "síndrome de Estocolmo". Están tan flojos de remos y han bajado tanto la guardia que se entregan a la causa feminista, sea ésta arbitraria o justa. Vosotras habéis creado unos sujetos que os ayudan muy poco, que subrayan vuestras bajas pasiones y que demonizan al género masculino. En este enfrentamiento hay un derrotado flagrante, y es el machista herido en su honor. Pero también es cierto que la mujer ha creado una nueva cultura de hombres que han asumido rasgos femeninos, que son más dulces, más educados, que son en definitiva los compañeros ideales. Estos hombres establecen unas relaciones de pareja totalmente nuevas, ya que son más participativos, más cómplices y están educados para vuestra causa».

Es posible que, como dice Lorenzo Díaz, «pase tiempo, antes de que encontremos el nexo de unión entre hombre y mujer, entre pareja y trabajo, lo que nos permitiría vivir en paz y no en una guerra permanente de sexos. Es posible también que las cosas no sean igual cuando nuestros hijos vean como algo normal que la mujer es un elemento activo y dinámico en la sociedad civil. Niños que aparecerán troquelados afectivamente y que serán otros personajes nuevos. Yo calculo que eso se producirá dentro de unos cuarenta años. Porque no hay que olvidar que cuando el déficit histórico se supera y hay una igualdad ideológica, la mujer adquiere un protagonismo que achica al hombre, lo acojona, lo asusta. Mientras la mujer era de segunda división y el hombre jugaba la Champions League todo era maravilloso y en todo había consenso. Sólo cuando la mujer supera el déficit histórico y entra en los circuitos del poder la guerra es total».

Por todo lo expuesto y para quienes nos encontramos en el ecuador de nuestra vida, es indudable que urge ir acortando distancias, recomponiendo actitudes. Una labor que requiere replantearnos la situación una y mil veces si fuera necesario, debido a que, tal y como dice Lorenzo, «a los hombres les cuesta digerir que las mujeres tengan libertad de movimientos, que sean dueñas de tomar las riendas de su propia vida, lo que ha provocado un choque frontal entre las partes. Después de todo eso, ha quedado un paisaje en el que todos somos víctimas. Cuando la mujer ha ocupado posiciones de fuerza en el mercado de trabajo, entra en la misma dialéctica que el hombre. No hay una cultura femenina en lo que respecta a las relaciones de poder. Hay una cultura femenina en otros temas diferentes, como en el de la cultura amorosa, en el de la seducción, en el de la solidaridad por causas perdidas, en la cultura. La mujer es una albacea de la cultura española: lee más que el hombre, está mucho mejor preparada, es más inquieta. Pero en las relaciones de poder es exactamente igual que el hombre».

Mi pregunta es si realmente es posible cambiar las cosas, si lograremos dar solución a este rompecabezas. Según Victoria Camps, sí: «La solución sería crear un mundo distinto. Un mundo que debemos construir entre todos, porque los nuevos modelos tienen que ser válidos tanto para el hombre como para la mujer. Porque hay todo un mundo común a redefinir: desde los roles de padre y madre hasta ciertas subordinaciones obsoletas que persisten en el trabajo. Porque la vida actual es mucho más compleja de lo que solía serlo en otros tiempos. No sólo disponemos de más recursos, sino que nos hemos creado más necesidades y, al tiempo, un abanico más amplio de opciones para satisfacerlas. Ahora tenemos una mayor libertad de elección que en ocasiones se convierte en condena, porque decidir significa cargar con la responsabilidad de equivocarnos».[1]

Muy optimista se muestra también Carmen Alborch cuando dice que el futuro será mejor que el presente porque: «Aunque a los hombres parece que ahora se les vincula con la violencia doméstica o con actitudes muy conservadoras que hacen que las mujeres no nos sintamos bien, la verdad es que ellos están haciendo esfuerzos por cambiar. Los hombres están recibiendo otro tipo de educación, porque tienen madres y compañeras que tienen otros comportamientos. No me gusta mucho la palabra "necesitar", me gusta mucho más la idea de que las personas tenemos necesidades recíprocas desde posiciones de respeto, reconocimientos y autonomía, no de sumisión o de subordinación. Es interesante ver cómo las mujeres actuales vamos dando pasos adelante y vamos estableciendo nuestras propias alianzas. Estamos de moda, se financian proyectos, se dan cursos dirigidos a la mujer. Sólo tendríamos que aprovechar los períodos electorales, por ejemplo, para exigir a los partidos políticos, a todos sin excepción, no sólo que en las listas electorales vayan mujeres, sino unos compromisos electorales mínimos».

Analizando lo que dicen Paca, Inés, Carmen o el propio Lorenzo Díaz, es lógico pensar que nadie nos va a re-

1. «¿Qué nos amarga a las mujeres?», *Marie Claire*, octubre de 2002, p. 96.

galar nada. Ni los políticos, ni los jueces —no hay más que ver algunas sentencias para comprobar que la ley puede interpretarse de mil maneras diferentes—, ni los empresarios, ni el marido, ni el enamorado, tampoco los hijos. Tendremos que seguir tirando del carro si queremos evitar que todo lo que hemos conseguido —que es muchísimo— no se pierda por la desidia de unos pocos o por el egoísmo de muchos. Tenemos un compromiso no sólo con nosotras mismas, sino con quienes nos preceden. Hay que enseñarles que a la vida hay que agarrarla por los cuernos para que no sea ella la que nos dé un buen revolcón.

LA CIENCIA TRABAJA PARA LA MUJER

El siglo XXI es de las menopáusicas.

HELEN FISCHER

Son las 16.30 del 27 de agosto de 1997. En el exterior de los estudios de Antena 3, en San Sebastián de los Reyes, en Madrid, el termómetro marca 35 ºC; mientras que en el plató donde Ana Rosa Quintana y yo presentamos *Extra rosa* hace un frío de mil demonios.

Discutimos sobre la relación de Diana de Gales y Dodi Al Fayed —de vacaciones en esos días por el Mediterráneo, lo que supuso un escándalo, ya que era la primera vez que la princesa de Gales mantenía abiertamente un romance con un hombre que no era su marido—, cuando siento una oleada de fuego que me sube desde la planta de los pies hasta la cabeza. Como no alcanzo a comprender lo que me está ocurriendo, miro a Ana Rosa para ver si es consciente de mi estado. Es indudable que no porque sigue hablando mientras yo guardo silencio paralizada por el miedo.

Fueron apenas unos segundos porque la oleada de calor igual que vino se fue. Al terminar el programa corrí al teléfono para hablar con mi ginecóloga y pedirle cita. Comprendí que había llegado el temido momento de la menopausia. Ya en la consulta y después de exponerme el lado positivo y negativo de la terapia hormonal sustitutiva, decidí tirar para adelante y comenzar el tratamiento lo antes posible pues no quería volver a sentir un sofoco más.

De eso hace ya cinco años. Cada seis meses me hago las revisiones pertinentes, y debo reconocer que he ganado en calidad de vida. No se me ha secado la piel, y mis huesos mantienen el nivel de calcio suficiente, de forma que puedo decir que he pasado por la menopausia, o la menopausia por mí, sin sentir sus zarpazos.

Con el conocimiento que tengo hoy sobre el tema, diría que hay dos maneras de enfrentarse al climaterio: una, de forma casi vergonzante porque se asocia con la vejez debido al desplome de los estrógenos y porque se sigue relacionando con la pérdida de la feminidad, lo que nos hace más vulnerables. Según Carmen Menéndez, mi ginecóloga: «se ha utilizado la menopausia para hacer daño, de forma que hasta hace unos años, a las mujeres no les sentaba bien esta etapa de su vida porque su actitud ante ella era de envejecimiento, desde el momento en que se asociaba reproducción con juventud».

Dos, haciendo uso de los adelantos que la ciencia ha puesto a nuestro alcance, pues aun aceptando que se trata de una etapa de mayor vulnerabilidad, no lo es en absoluto que lo sea de debilidad. Entre otras razones porque, como señala la doctora Menéndez, «la mujer ha dejado de tener miedo a la menopausia porque ha entendido que hay tratamientos hormonales que, como todo en la vida, hay que saber que sólo pueden aplicarse a las mujeres que tienen sintomatología climatérica. La forma de afrontar la menopausia está ligada al nivel socioeconómico-cultural de la mujer. Es más fácil que pida ayuda médica la que trabaja, la que tiene recursos, porque tiene claro que no quiere sufrir y busca soluciones para evitarlo. Aunque tengo pacientes con un nivel cultural más bajo que también demandan ayuda. Gracias a los medios de comunicación la española está cambiando mucho».

Una opinión que está muy en la línea de lo que defiende Helen Fischer, socióloga norteamericana, cuando dice en su libro *El primer sexo*, que «el siglo XXI es de las mujeres pero sobre todo de las menopáusica», ya que la menopausia es fantástica porque llega en el momento en que ya tienes tu carrera profesional consolidada y porque aumentan, según ella, las hormonas masculinas que nos dan más seguridad.

La menopausia ha sido históricamente un momento de liberación porque con su llegada desaparece la posibilidad de quedarte embarazada, y porque han dejado de ser un problema los desarreglos hormonales, lo que favorece que la mujer no sólo se sienta más tranquila, sino que disfrute más de su sexualidad.

Gracias a la ciencia, hoy sabemos que a la menopausia se le puede hacer frente de diferentes maneras. La más segura, la del conocimiento que nos enseña a conocer y dominar sus efectos. Propondría que de igual manera que se hacen campañas para evitar los accidentes de tráfico, los embarazos —recuerden aquel anuncio de profilácticos que decía «Póntelo, pónselo», y que tanto impacto tuvo en la sociedad—, se hicieran campañas sobre la menopausia. Una mujer, antes de decidir si quiere utilizar o no la terapia hormonal sustitutiva, debe conocer sus pros y sus contras, pero sobre todo debe saber que la terapia hormonal ha supuesto la mayor revolución desde que la píldora anticonceptiva apareció en el mercado.

Hay gente que se niega a tomar hormonas, no porque el especialista así se lo haya recomendado, sino por desconocimiento. Tengo amigas que llevan a gala no tomar medicamentos porque si sus madres lo aguantaron por qué ellas van a ser diferentes. Suelen ser las mismas que intentan disimular los sofocos a golpe de abanico, o llevando ropa de verano cuando hace un frío de mil demonios. Allá cada una con sus prejuicios.

Recuerdo que cuando salió al mercado la píldora anticonceptiva también hubo mujeres que se negaron a tomarla, aun a sabiendas de que era mucho lo que se estaban jugando. Hoy se la dan a sus hijas o sus nietas preferentemente a la hora del desayuno, para evitar que se les olvide.

En una encuesta realizada por la Fundación Internacional de la Salud, y en la que participaron dos mil mujeres perimenopáusicas, se observó que entre los síntomas que afectaban al 60 por ciento de ellas estaba en primer lugar el aumento de peso, seguido de sofocos, cansancio, nerviosismo, insomnio y osteoporosis. Y que tres de cada cuatro mujeres sufren alguna fractura de hueso, y dos tercios aumentan de peso, lo que les produce abatimiento y con frecuencia pérdida de autoestima.

Muy beneficioso en esta etapa de transición es el ejercicio físico, saber comer, no fumar. Si por algo se caracteriza la menopausia es porque al disminuir las estrógenos (que durante toda la vida nos han prevenido de muchas enfermedades), se agudizan problemas que se pueden evitar con una dieta sana y equilibrada. Así, por ejemplo, es necesario tomar calcio —1.200 miligramos al día, pudiendo llegar hasta los 1.500 miligramos cuando no hay tratamiento hormonal sustitutivo—. El calcio se puede obtener en todos aquellos alimentos lácteos o que contengan leche. Se puede tomar leche desnatada o semidesnatada, que tiene la misma cantidad de calcio que las enteras pero menos grasa.

Según la doctora Pilar Riobó, especialista en endocrinología y nutrición de la Fundación Jiménez Díaz, la cantidad que debemos tomar para conseguir esos 1.200 miligramos diarios de calcio son cinco vasos de leche al día, que pueden sustituirse por siete yogures o por 150 gramos de queso manchego curado. En caso de que no pueda cubrir estas necesidades que tiene el cuerpo de calcio, se recomiendan suplementos en forma de pastillas o de jarabe. Se aconseja también fruta —dos o tres piezas al día—, verdura y aceite de oliva. Hay que consumir de forma moderada proteínas animales, sodio, sal y salazones para prevenir la hipertensión y la osteoporosis. Últimamente se han puesto de moda los productos de la soja, especialmente si no hay tratamiento hormonal sustitutivo.

La nutrición tiene tanta incidencia en la menopausia que un grupo de investigadores de Boston, dirigidos por la doctora Lauren Wise, han demostrado que la pobreza acelera su llegada: «La función ovárica disminuye si empeora la situación económica». Conclusión a la que han llegado después de analizar los casos de 603 mujeres en esa situación y con edades comprendidas entre los treinta y seis y cuarenta y cinco años, ninguna de las cuales tenían síntomas perimenopáusicos cuando comenzó su seguimiento.[1]

«En esas conclusiones —escribe Rosa M. Tristán, periodista de *El Mundo*— se desveló que el 80 por ciento de las mujeres que habían sufrido algún desastre económico en su vida, incluso en su niñez, iniciaba antes el proceso de la menopausia, al margen de la edad a la que tuvieran su primera menstruación y al margen también de la utilización de anticonceptivos o de embarazos no deseados. Los investigadores afirman en su informe que la pobreza podría reducir la reserva de las células que producen los óvulos, cuyo número viene determinado desde el nacimiento de cada niña. En su reducción, a lo largo de la

1. Publicado en el *Diario de Epidemiología y Salud Comunitario*, y reproducido por el diario *El Mundo* el 22 de octubre de 2002.

vida, reconocen que también influyen factores como el tabaco, el sobrepeso y la depresión.»

Es un error asociar depresión con menopausia, si bien es cierto que la caída de estrógenos produce una serie de síntomas similares. Por eso, a la hora de analizar la situación de las mujeres que han pasado la barrera de los cincuenta, no podemos obviar que se trata de un período que puede coincidir con el abandono del nido por parte de los hijos, incluso por parte del marido, que deja el hogar conyugal para marcharse con otra, generalmente más joven. Un recurso que, según los psicoanalistas, se da con bastante frecuencia en el varón porque contribuye a encubrir su propio envejecimiento. Mientras que a la mujer le obliga a potenciar su autoestima como mecanismo de defensa. Porque más importante que gustar a los hombres es gustarnos a nosotras mismas.

¿Cómo conseguirlo? Cuidando nuestro cuerpo y nuestra mente. El auge de los centros de estética, de los gimnasios, demuestran que la mujer madura cada día se preocupa más por su aspecto físico y por su bienestar.

Entre las amas de casa, que son las que más frecuentemente sufren depresión o abatimiento, la práctica de un deporte en compañía de otras mujeres se ha convertido en una nueva forma de relación social. Prueba de ello es que la franja de usuarias de gimnasios más asidua es la de cincuenta y cinco a sesenta y cinco años. El 74 por ciento van al gimnasio para adelgazar o mantenerse en forma y un 32 por ciento por placer.

«La mujer que pasa de los cincuenta quiere sentirse atractiva, quiere y necesita gustarse a ella misma y a los demás. La mujer con esa edad suele sentirse joven, dinámica, con ganas de vivir, por eso se cuida —dice Maribel Yebenes, propietaria de uno de los institutos de más prestigio de Madrid—, por eso quiere seguir descubriendo cosas nuevas. Los tratamientos faciales son los que más demandan, junto con los tratamientos para escote y brazos. Les preocupa la flacidez y, en segundo plano, las arrugas. Hoy disponemos de alta tecnología y cosmética muy avanzada. La edad más apropiada para empezar estos tratamientos son los treinta y cinco años, antes de que se deteriore la piel. La mayoría de las mujeres que visitan el instituto de belleza buscan la aprobación de una parte de la sociedad, esperan que se fijen más en ellas porque al sentirse más guapas se sienten más seguras. Las hay que piensan que pueden salvar una relación sentimental con algún cambio estético. Lo más extravagante que me han pedido ha sido un maquillaje para parecerse a Isabel Pantoja, Isabel Preysler o Concha García Campoy.»

No sé hasta qué punto las cremas consiguen detener el tiempo, pero de lo que sí estoy convencida es del efecto placebo que ejercen sobre quienes las utilizan. Para Nuria Ferrer Torruella, de la casa Dior, es evidente que «la vida de la mujer está marcada por dos grandes etapas que corresponden a modificaciones biológicas importantes: la pubertad, en la cual los ovarios comienzan a emitir en el organismo mensajes fisiológicos llamados hormonas, que incluyen estrógenos responsables de la fecundidad de la mujer, y la menopausia, que globalmente provoca un envejecimiento acelerado visible que, en la mayoría de los casos, está en contradicción con la juventud de espíritu de la mujer. Ésta es la razón por la que los laboratorios se implican cada vez más en la investigación (sólo para la casa Dior trabajan doscientos especialistas entre químicos, médicos, biólogos y farmacéuticos) que intentan dar una respuesta al problema de la edad, y donde no se habla de ilusión, sino de realidad».

En definitiva, si cuando te duele una muela vas al dentista, cuando empiezan los trastornos de la menopausia hay que acudir al especialista para que mejore tu calidad de vida.

[illegible]

[illegible] responsables de la ciudad [illegible]
[illegible]
[illegible]
[illegible]
[illegible]
[illegible]
[illegible]
[illegible]
[illegible]
[illegible]

[illegible] con la lengua [illegible]
[illegible]
[illegible]

NOSOTRAS NUNCA FUIMOS MARILYN

Toda revolución es personal.

ASSIA DJEBAR

Isabel y Concha pertenecen a esa generación de españolas que pudieron con todo, que no estando preparadas para abandonar el corsé familiar se lanzaron a la aventura de descubrir quiénes eran y cómo eran, lo que les permitió tensar la cuerda de su vida hasta límites insospechados. Su mérito: haber vivido cada momento dejándose llevar por las tripas, por el corazón, por la cabeza, lo que les permitió enfocar el día a día desde un punto de vista positivo.

En el trayecto se han dejado ilusiones, desengaños, penas y alegrías, pero el resultado final es dos mujeres que tienen el sello indiscutible de quienes han hecho lo que han querido. Su lema: «No rendirse cuando la suerte muestre su peor cara».

Isabel Gutiérrez Arija pertenece a una familia numerosa de siete hermanos. Nació en Palencia hace cincuenta y cuatro años. Su padre era industrial, y su madre, dueña de una pescadería. Como era preceptivo en la España de Franco, los varones iban a la escuela pública y las hembras a un colegio de monjas, siempre y cuando la economía familiar pudiera permitírselo. Siete años permaneció Isabel en el colegio El Santo Ángel de la Guarda, que abandonó porque la presión religiosa era muy grande. Fue entonces cuando comenzó a desarrollar su sentido de la justicia social: «Era tan distinto lo que predicaban las monjas de lo que hacían que preferí ponerme a trabajar en la tienda de mi padre. La única manera de conseguir un poco de libertad era casándome y lo hice a los veintitrés, después de un noviazgo en el que sólo nos veíamos los fines de semana. Una vez celebrada la boda, nos trasladamos a vivir a Madrid. En ese momento ya tenía muy claro que no quería ser ama de casa, de forma que me presenté por libre a unas oposiciones que había convocado el Banco de España y que aprobé sin recomendación ninguna».

A partir del día que empezó a trabajar, Isabel supo dos cosas: que su destino estaba escrito, y que su matrimonio era ya un fracaso. El marido no asumió que siendo chica de provincias hubiera conseguido trabajo fijo en un banco que era la joya de la corona pública.

Los celos de él destruyeron los pocos lazos que unían a la pareja, hasta que la comunicación se convirtió en un muro infranqueable. Tres años después, Isabel, aun a sabiendas de que él tenía todas las de ganar porque la ley protegía a los hombres, decide separarse. Tuvo suerte porque, si al marido se le ocurre acusarla de infidelidad, va a la cárcel por más que no hubiera cometido ningún delito. Así eran las leyes en la España de Franco.

Una experiencia que le hizo madurar muy deprisa:

«En aquel tiempo yo no conocía a nadie en Madrid, estaba embarazada de mi único hijo y mi familia vivía lejos. Contacté entonces con Mabel Pérez Serrano y Ana María Pérez del Campo, de la Asociación de Mujeres Separadas, que iniciaban su despegue. Gracias a ellas conseguí que mi marido me concediera la separación y firmara un documento notarial aceptando el nuevo estatus social, pues de lo contrario no lo hubiera conseguido. El proceso para que me anulasen el matrimonio duró cinco años porque no quise pagar lo que me pedían. Si la Iglesia no me había dado nada, nada me iba a sacar».

Pero como el ser humano es el único animal que tropieza dos veces en la misma piedra, seis años después Isabel se enamora de nuevo. De nada le sirve su experiencia anterior. Estaba tan loca por aquel hombre que no duda en pedir el traslado a Valencia, donde se instala con su hijo, con su nuevo amor y con el hijo de éste.

Piensa Isabel, y no le falta razón, que era una oportunidad que se debía después de un primer matrimonio fracasado. Se casó por lo civil: «No sabría explicar por qué los hombres se relajan una vez que han firmado el documento. Creo que el "subconsciente" les juega una mala pasada, porque ese relajamiento afecta a la convivencia, y nosotros no fuimos la excepción».

Cinco años dura la relación. Isabel acababa de cumplir treinta y nueve, y aunque no consideró que su ruptura fuera un fracaso, sí le produjo heridas que tardaron en cicatrizar. Si alguna enseñanza ha sacado de sus dos experiencias matrimoniales es que nunca hay que dejar a los amigos, y menos el trabajo.

De vuelta a Madrid, Isabel canaliza toda su fuerza y su experiencia personal en la Asociación de Mujeres Separadas. Ha descubierto la gran mentira en que han educado a las mujeres en España, la poca ayuda que el Estado les presta, porque si ella, que es una profesional con independencia económica y apoyo familiar, ha tenido tantos problemas, qué será de las mujeres que nada poseen, y que han de permanecer atadas a un marido que no les satisface en ningún aspecto de su vida. Su primer objetivo fue conseguir la ley del divorcio y otras leyes que se les han negado a las mujeres desde la noche de los tiempos.

A través de Carlota Bustelo ingresa en el Frente de Liberación de la Mujer, que actúa de forma clandestina, porque no conviene olvidar que en el año 1975 no hay libertad de asociación y mucho menos de expresión. Junto con Carlota Bustelo y Elena Arnedo comienza a ir a las fábricas a explicar a las trabajadoras las ventajas de la planificación familiar: «Entonces se hablaba mucho de la liberación sexual de la mujer, pero no había tal sin independencia económica. El franquismo había castrado a las mujeres, la mayoría de las cuales se habían resignado a su suerte. Convencerlas de que había otra vida no fue fácil, porque antes teníamos que cambiar la educación y modificar los libros de texto, asunto que recayó en manos de otras dos mujeres muy combativas, Felicidad Orquin e Imelda Navajo».

Con la llegada del PSOE al poder, las líderes de los movimientos feministas se incorporan a los ayuntamientos, las comunidades autónomas y al gobierno central, descabezándose así los movimientos vecinales y participativos: «Lo más duro fue descubrir que los socialistas no asumen las reivindicaciones de las mujeres. ¿Por qué? Porque de haber asumido esas peticiones hubieran dado la vuelta al país. La famosa frase de Alfonso Guerra: "A España no la va a conocer ni la madre que la parió" es una verdad a medias. El famoso "consenso" fue bueno para muchas cosas pero para las mujeres no lo fue».

En ese momento, una vez más, Isabel se ve obligada a tomar otra decisión drástica en su vida, en este caso en el plano profesional. Desde que ingresa en el Banco de España toma la antorcha del padre, republicano de izquierdas, creando, cuando la ley así lo permite, la Sección Sindical de UGT, que recientemente ha celebrado su vigésimo quinto aniversario.

Es la primera vez desde 1946 que una mujer ocupa el cargo de representante de personal del Consejo de Gobierno del Banco de España. Es así como Isabel se convierte en la voz cantante de los tres mil trabajadores que la han votado para que defienda sus intereses en el banco. Un puesto que la obliga a no dormirse en los laureles porque, insiste, «la mujer sigue teniendo el techo de cristal si no lucha por defender sus derechos. La sociedad española se ha vuelto más conservadora. Vamos hacia ese modelo de "mujer-mujer" que tanto le gusta a Aznar».

Tesis que comparte la historiadora Carmen Iglesias cuando advierte de que «esta evolución femenina ha existido varias veces. Ha habido varios intentos de emergencia femenina alternados con períodos de retroceso a lo largo de la historia. Sólo si no se produce una catástrofe esta revolución femenina es imparable. Pero no hay que confiarse pese a que esta situación ha generado un cambio demográfico importante en las relaciones entre hombres y mujeres».[1]

La pregunta que me hago y le hago a Isabel es: ¿cómo ve su presente y su futuro una mujer que se ha dejado jirones de piel en el camino, una vez que ha pasado la barrera de los cincuenta?: «No me reconozco porque ahora tengo una experiencia que me ha dado seguridad. Ahora piso más fuerte, sé lo que quiero aunque me equivoque, porque de todas las experiencias he sacado cosas positivas. No tengo la marcha que tenía a los veinte o a los treinta, pero valoro otras cosas. Valoro más la conversación, un buen libro, el ocio, pero sobre todo valoro mi vida personal. En el amor, las rupturas duelen menos porque das menos. Respecto al sexo, no creo a quienes dicen que a esta edad somos invisibles. Apasionada como soy, he cosechado grandes fracasos y grandes alegrías, pero he vivido intensamente y pienso seguir haciéndolo.

»En cuanto a la menopausia, sólo puedo decirte que es una liberación porque ya no vives con el agobio de un

1. *Golden*, Madrid, agosto de 2002.

embarazo no deseado. No tengo la sensación de haberme perdido cosas. Al contrario. El único pesar que tengo es no haber estudiado una carrera. Claro que, si he de serte sincera, diré que no tengo la sensación de haber perdido el tiempo. Si tuviera que hacer balance de mi vida, diría que he recibido poco y he dado mucho. Profesionalmente mi vida ha estado llena de muchas cosas porque mis inquietudes y compromisos sindicales me han permitido hacer otras que me han enriquecido. En el plano personal, hacer de padre y madre ha sido difícil, porque he tenido que manejar la autoridad, el cariño, sin que mi hijo pensara que bajaba la guardia. Es importante, y yo creo que lo he conseguido, aceptar las evoluciones que tienen los hijos, respetar su propia personalidad, sin perder la autoridad».

Una mujer impar

Concepción Para, directora de la revista *Impar*, tiene cincuenta y tres años y una vitalidad a prueba de contratiempos.

Nació en Valladolid, y siendo niña su familia se trasladó a vivir a Salamanca, donde conoció al hombre que se convertiría en su marido. Tiene ella diecisiete años y el novio veintitrés cuando contraen matrimonio. Inquieta como es, Conchín quiere seguir estudiando porque no concibe un estilo de vida diferente. Su marido, médico de profesión, no se lo impide porque es consciente de que no puede tener a una adolescente metida todo el día en la casa, más cuando lo que a él le gusta es trabajar en zonas rurales, y se pasa el día visitando enfermos. Así, entre embarazo y embarazo y hasta un total de cuatro hijas, Conchín tiene tiempo para cuidar de su familia, de su casa, de sus niñas, estudiar COU y presentarse a la selectividad.

Cuenta que, viviendo en Vitigudino, provincia de Salamanca, un buen día su hija de cinco años se presenta en el instituto en el que estudiaba. Al verla llegar se preocupa porque cree que algo grave ocurre a su familia. Cuando le pregunta a la niña qué pasa, ésta le contesta con toda ingenuidad: «No te asustes, mamá, que vengo a recogerte porque las mujeres del pueblo me dicen que voy a perderte».

La anécdota ilustra el ambiente de pobreza intelectual en que se vivía, la incapacidad de la sociedad española para entender que una mujer casada y con hijos quisiera salir adelante por sus propios medios y sin depender del marido.

Años después el matrimonio se traslada a vivir a Llanes, Asturias, donde se edita *El Oriente de Asturias*, que dirige Manuel Maya, quien al conocer a Conchín le pide que escriba unos artículos, cosa que hace encantada, pues desde muy joven sueña con publicar sus vivencias y emociones. Un sueño que mantiene vivo a lo largo de los años aunque no por eso deja de hacer otras cosas.

Fue en esa misma época cuando se inauguran varias

emisoras de FM. En una de ellas comienza un espacio que titula *Mujeres en la historia*. Un trabajo por el que no cobra un céntimo, pero que le permite introducirse en un medio en el que se siente como pez en el agua.

Metida de lleno en sus labores periodísticas, Conchín no se da cuenta de que su matrimonio hace aguas, que se va a pique: «Mientras dependía de mi marido, todo iba sobre ruedas, pero yo no quería ser señora de, yo quería ser independiente económicamente. Es uno de los motivos que alegó mi marido para conseguir la separación».

Antes de separarse, en plena efervescencia política, le ofrecen entrar en el PP para que organice el partido en Llanes. No le desagrada la idea, de forma que termina convirtiéndose en la cabeza visible de esa formación en la zona, actividad que compagina con la consulta de su marido, que a esas alturas de su vida se ha convertido en un médico de reconocido prestigio. Un médico «con magia», al que admira enormemente, lo que le impide romper la relación aun a sabiendas de que él tiene otras aventuras sentimentales. Sólo cuando sus hijas deciden trasladarse a estudiar a Madrid, ella coge la maleta, se separa de su marido y empieza una nueva vida en la capital del reino.

Trescientas pesetas es todo su capital para empezar de nuevo, lo que le obliga a instalarse en casa de su madre, ya que el piso que había comprado la pareja en una urbanización de las afueras de Madrid aún no está terminado.

En Madrid se topa con la dura realidad. No conoce a nadie, tiene treinta y siete años, cuatro hijas a punto de entrar en la universidad, y aunque su madre siempre le ha ayudado, sabe que no puede depender eternamente de ella. Fue en ese momento cuando tomó conciencia de lo duro que es ser mujer.

Pero, decidida como está a salir adelante, busca trabajo y lo encuentra de dependienta en Aldeasa, en el aeropuerto de Barajas, en el turno de noche. Por la mañana trabaja en la Asociación Española de Asuntos Tributarios. Como no descansa, la esquizofrenia es total. Hasta las seis de la tarde trabaja de ejecutiva, y por la noche de dependienta en el aeropuerto de Barajas. En el poco tiempo que le queda libre, se matricula en unos cursos de marketing y gestión empresarial. Fue esa actividad desenfrenada lo que le impidió caer en una depresión.

Pese a las muchas dificultades a las que tiene que hacer frente, está satisfecha porque su vida ha dado ya un giro de ciento ochenta grados: de militante de base del PP pasa a convertirse en la representante de los trabajadores de Aldeasa, después de que se firmase un convenio colectivo en el que se había acordado rebajar los sueldos de los trabajadores.

Movida por lo que considera una injusticia, se presenta a las elecciones sindicales en representación del sindicato de funcionarios, elecciones que gana por mayoría, convirtiéndose así en la presidenta del comité de empresa de Aldeasa y en secretaria del comité intercentros.

Su lucha por conseguir que no se aplique el convenio la convierte en persona *non grata* para los directivos de Aldeasa, que empiezan a acosarla psicológicamente. Cuatro pleitos ganó gracias a Jaime Garicano Goñi, su abogado.

Después de muchas vicisitudes, Conchín se da cuenta de que ha llegado a los cincuenta y no ha tenido tiempo de realizar su proyecto más íntimo: publicar una revista que ayude a la gente a comunicarse, a encontrar pareja, en definitiva, a los impares. Ha llegado la hora de poner manos a la obra y dar un nuevo empujón a su vida, ella que se la ha pasado trabajando, que ha logrado sobrevivir a una separación, que ha proporcionado carreras a sus cuatro hijas, que ya no tiene esa necesidad perentoria de hacerse valer.

Sin nostalgia de ningún tipo, decide vender su casa —que por fin le entregaron— de tres plantas, y dar la parte que le corresponde a su ex marido, lo que le permite irse a vivir a un piso alquilado e invertir el poco dinero que le queda en hacer realidad el sueño de su vida: la revista *Impar*.

Lo que más le sorprendió, una vez que la revista estuvo en los quioscos de prensa, fue comprobar la cantidad de hombres y mujeres que le escribían agradeciéndole que se ocupase de los impares: «Gente que se sienten perdedores porque les ha abandonado su pareja, porque se han quedado viudos, o simplemente porque no saben comunicarse con los demás».

Consciente de que son muchas las personas solas que no tienen pareja, crea una página en la Red, *www.revista impar.com*, a través de la cual empiezan a recibirse mensajes de gente de muy distinta condición. En muy poco tiempo, la página se convierte en un foro de comunicación donde las respuestas son inmediatas. Tanto es así que, un viernes 17 de agosto de 2000, una mujer propone a través de la página web reunirse en Madrid, a las 21.30 del día siguiente, a todos aquellos que se sientan solos y no tengan esa noche mejor cosa que hacer. El primero en llegar a la cita fue un ingeniero de cuarenta y cinco años que vivía en Sevilla y que había viajado hasta Madrid movido por la curiosidad: «Al final nos reunimos unas cien personas que no se habían ido de vacaciones y que tenían unas ganas enormes de conocer gente nueva. La noticia se extendió como la pólvora, hasta el punto de que Pedro Piqueras dio un amplio reportaje en su informativo de fin de semana de Antena 3. Por supuesto que esa noche acudieron más mujeres que hombres, porque ellas son más valientes».

Una de las razones que mueven a las mujeres a acudir a este tipo de citas es la necesidad de hacer amigos: «La mujer se ha dado cuenta de que el hombre es un complemento. Aunque lo necesite emocionalmente, ya no es imprescindible. Los hombres, en cambio, no necesitan a la mujer más que para tenerla en casa».

Las mayores satisfacciones que le ha dado la vida a Conchín han sido los pequeños triunfos necesarios para salir adelante. En cuanto al tema sentimental, reconoce que le costaría volver a compartir casa con alguien; aunque no duda de su capacidad para enamorarse, tampoco le preocupa permanecer sola porque dice que tiene su vida muy bien amueblada. Le atrae más la idea de que cada miembro de la pareja viva en su propia casa, algo que pocos hombres entienden: «Por suerte, la sociedad ha cambiado y lo que hace unos años se consideraba el fin primordial de las mujeres (casarse y tener hijos) ha pasado a ser una opción más, no sólo para nosotras, sino también para los hombres».

HAZ EL AMOR Y NO LA GUERRA

> La mejor edad de las mujeres son los cincuenta porque se comportan en la cama como si estuvieran jugando la Copa de Europa.
>
> Ramón Areces

La menopausia no significa decir adiós al sexo, ni cumplir años tiene que ir forzosamente ligado a una falta de deseo, ya que está demostrado que a medida que la mujer va adquiriendo experiencia su sexualidad es más expresiva y más rica. Además, hay que tener en cuenta que las mujeres de cincuenta son las mismas que protagonizaron la revolución sexual más importante de la historia del último siglo. Puede ocurrir, claro está, que la mujer como el hombre dejen de sentir deseo cuando llegan a esa etapa de su vida, no como consecuencia de los años, sino como consecuencia de una mala salud, de estar en baja forma física, de tensiones en la pareja, y, desde luego, como consecuencia del desamor, pero ése es otro cantar.

Pretender, como pretenden algunas parejas, que el sexo sea el eje de su vida cuando no lo ha sido anteriormente, me parece una soberana estupidez. En este terreno más que en ningún otro la mujer madura demuestra que sabe lo que quiere, cómo lo quiere, y demanda lo que le pide el cuerpo. No se trata de hacer noche sí y noche también el «salto del tigre» o «el tiovivo» (el señor boca arriba y la señora encima y girando sobre el miembro erecto de su pareja... ¡bingo a quien lo consiga!). Más importante que la cantidad o las dotes acrobáticas es aprender a sincronizar las respuestas eróticas, puesto que la sexualidad femenina es un conjunto de vivencias complejas que tienen un componente sensual muy intenso. De ahí que los hombres no acaben de comprender la importancia que tiene para la mujer vivir el sexo con alguien que le inspire seguridad, ternura y que dedique tiempo al juego erótico.

«Las mujeres —explica el doctor David Osborne, psicólogo de la clínica Mayo— empiezan por fin a comprender que, a cualquier edad, tienen derecho a vivir el sexo plenamente. A su vez, los hombres deben dejar de mostrarse reacios a las caricias porque creen que no conducen a nada. No saben lo que se pierden. Yo les propondría que hicieran la prueba de dar y dejarse dar masajes en la espalda, en los pies, en el cuello, en la cabeza... El tacto aumenta la sensibilidad porque estimula la liberación de endorfinas (sustancias químicas del organismo que mejoran el estado de ánimo). Las caricias suaves reducen la presión arterial y producen bienestar. Las parejas que se tocan frecuentemente de una forma sensual se sienten mejor porque, en términos médicos, están mejor. Independientemente de las terapias farmacológicas, el contacto físico cariñoso y relajado predispone tanto al hombre como a la mujer a hacer el amor de la manera más placentera posible.»

Se ha alterado tanto el universo femenino que no me extraña que algunos hombres empiecen a comportarse en la cama como si fueran trabajadores cualificados del sexo, o bien como si estuvieran en paro indefinido. Dos actitudes extremas a las que se ven abocados generalmente por los cambios de mentalidad que ha experimentado la mujer, lo que les origina graves problemas de identidad. De ahí que muchos abandonen a sus parejas por otras más jóvenes, convencidos de que por su inexperiencia las pueden dominar. Sin embargo, la mujer prefiere al hombre sensible, que no oculta sus emociones, que le ayuda dentro y fuera de casa, antes que a ese otro que presume constantemente de ser el rey del Flex.

Para los sociólogos, la sexualidad en España va camino de normalizarse, debido a la educación mixta que reciben los jóvenes tanto en casa como en las escuelas, tan distinta a la nuestra, en la que hablar de estos temas estaba prohibido. No sólo eso: como la sombra de la Iglesia era alargada, un simple beso era considerado el peor de los pecados. Y no digamos ya un revolcón o practicar el sexo sin pasar por la vicaría... Con una educación tan estricta, basada en el castigo eterno para quienes incumplieran el sexto mandamiento, no es extraño que la mujer llegara al matrimonio virgen, sin más conocimiento que el que sus amigas hubieran podido proporcionarle. Tampoco el hombre era un pozo de sabiduría en estas lides, ya que la mayoría se limitaba a poner en práctica la «postura del misionero», y si la mujer expresaba algún placer era porque otro antes que él había descubierto «la cueva de Alí Babá»...

Cuántas parejas, cuántas mujeres habrán sufrido en silencio una nula relación sexual porque era un tema tabú, porque les faltaba información. Hablar de sexo fue el primer paso para alejarse de una educación trasnochada que obligaba a las mujeres a una pasividad que no sentían. De manera que, a medida que fueron adquiriendo derechos y conocimientos, empezaron a escribir su propia definición de lo que es el sexo, que no siempre coincide con la de los hombres, lo que origina una serie de conflictos que han puesto en solfa el papel que cada uno debe desempeñar en la cama. De ahí la incomodidad que a algunos les produce tener por compañera a una mujer liberada, capaz de tomar la iniciativa en asuntos que nos estaban vedados.

Ir al sexólogo o al psicólogo cuando se sufre algún tipo de disfunción ya no se considera una extravagancia, digna de bohemios o gente rica. Muy al contrario, cada día es mayor el número de personas, maduras o no, que acuden a los ambulatorios demandando solución a sus problemas.

Concha es ama de casa, vive en una ciudad dormitorio de las afueras de Madrid, tiene cincuenta y cinco años, un marido de cincuenta y siete y tres hijos que se han independizado de los padres sin saber que con ellos se iba la alegría de la casa, no sólo porque su madre sintiese en sus propias carnes el «síndrome del nido vacío», sino porque cuando ella creía que iba a poder disfrutar de las caricias de su marido sin tener que guardar un silencio sepulcral, resulta que él empieza a dar señales de falta de deseo. Dice Concepción que desde que se casó su relación sexual fue muy activa y satisfactoria porque el marido le complacía en todo. Una situación que cambió en el momento que a él le detectaron una EPOC (enfermedad pulmonar obstructiva crónica), que suelen padecer los fumadores compulsivos. Desde entonces, la actividad sexual de la pareja fue disminuyendo hasta el punto de que durmiendo en la misma cama apenas si se rozaban.

Aconsejada por una amiga, Concepción fue a la consulta de su doctora de cabecera para exponerle el problema: «Mire, doctora, desde hace dos años mi marido no me toca, ni siquiera me hurga. Dormimos juntos, y no me roza por más que yo lo intento. Estoy muy preocupada, porque no sé si esta situación va a durar mucho o no. Yo necesito practicar el sexo con mi marido, más ahora que los chicos se han ido de casa y tenemos todo el tiempo para nosotros. No comprendo qué puede haberle pasado, porque él ha sido siempre un hombre maravilloso. Al principio parecía que esta situación le preocupaba, pero ahora pasa del tema. Dígame, doctora, qué puedo hacer. Me preocupa que me vea mayor después de la menopausia».

La doctora Brenda Basset le explicó que en su caso todo se debía a la enfermedad que padecía el marido: «Al cansarse, al no respirar bien, su marido teme por su salud si se excita. Pero dígale que hay otras maneras de hacer el amor sin llegar a la penetración. En cuanto a usted, está claro que la menopausia no le ha afectado. No crea que es un bicho raro, a medida que envejecemos vamos madurando sexualmente, lo que quiere decir que practicar el sexo se convierte, con los años, en una actividad más gozosa».

Cuando Concepción abandonó la consulta no iba más contenta que cuando llegó. Digamos que iba resignada a vivir con un hombre que había perdido el apetito sexual como consecuencia de su enfermedad. En su fuero interno pensaba que ya era mala suerte la suya. Se casó con su marido para serle fiel y para que nada le apartara de su camino.

Más llamativo es el caso de Manolo, un jubilado de ochenta años que se presentó una mañana con su mujer, de setenta y seis, en la consulta de la sexóloga para preguntarle qué podía hacer para que a su mujer le apeteciera practicar el sexo: «Mire, doctora, lo he intentado todo, pero no hay manera. Incluso instalé el Canal Plus en la habitación porque me enteré de que los viernes ponían películas porno, a ver si así se animaba, pero ni por ésas. No responde a ningún estímulo, y ya le he dicho que no puedo seguir así...».

La sexóloga le preguntó a la mujer si tenía dificultades para lubricar, si le dolía cuando la penetraba, a lo que la mujer respondió: «No señora, no me duele nada, sólo que estoy harta de que mi marido siga comportándose como cuando tenía treinta años. No respeta que le diga que no quiero hacer eso, ya estamos muy mayores, tampoco me voy a tomar ninguna pastilla de esas que él se toma, sólo quiero vivir en paz con él, por supuesto, pero sin practicar el sexo». Más claro, el agua.

Son muchos los motivos por los que una pareja con años de convivencia a sus espaldas dejan de hacer el amor. Según la doctora Olga Bertomeu: «Existe la "pereza de amar", que es un concepto que he acuñado y que me parece que está más ajustado que la terminología académica, que lo llama "deseo sexual inhibido", que suele ir unido a las molestias en el coito, ausencia de deseo... aunque al final lo que termina aflorando es una problemática conyugal bastante común: falta de comunicación, desconsideración hacia el trabajo del otro, discrepancias en la educación de los hijos, en la relación con los mayores a su cargo, exigencias sexuales, complejos y baja autoestima, infidelidades, celos, adicciones (al juego, al alcohol, al tabaco), así como trastorno de la erección del marido y ausencia del deseo en éste. Lastres que hemos arrastrado propiciados por una sociedad en la que la religión y la Iglesia católica, concretamente, han tenido una influencia excesiva. Tanta que primó la reproducción, haciendo creer a la mujer que no era dueña de su propio cuerpo (era del marido), lo que ha condicionado su "afición" al sexo y su desempeño sexual. La influencia de la píldora anticonceptiva ha sido decisiva en el desarrollo y la libertad de la mujer, igual que lo será la Viagra en la vida del hombre».

Para la doctora Menéndez «la Viagra a quien realmente ha hecho un gran favor es a las mujeres. Cuando salió al mercado y se empezó a hablar de disfunción eréctil, también se empezó a hablar de la sexualidad femenina. La mujer no renuncia a su sexualidad, porque cada vez son más las que se emparejan a partir de los sesenta con una buena convivencia, porque cada vez hay más expectativas de vida. Debido a la marejada levantada por la Viagra, la mujer no sólo está exigiendo que sus problemas sexuales sean también objeto de investigación científica, sino que urge a los laboratorios para que desarrollen fármacos eficaces capaces de tratarlos. Durante todo el siglo pasado, los médicos remitíamos los problemas sexuales femeninos al diván del psicólogo. Ahora, las mujeres quieren soluciones biológicas y sofisticadas, que pasen por el laboratorio. Obviar esa realidad sería un error histórico».

Joel D. Block, psicólogo que combina su actividad de terapeuta con la de escritor, sostiene en su libro *El sexo después de los cincuenta* que muchas de las ideas más extendidas sobre el sexo son mitos que con el tiempo han llegado a transformarse en creencias. Lo que no quiere decir en modo alguno que el cumplir años tenga que ir ligado necesariamente a una sensación de apatía o aburrimiento: «Hay que esforzarse en buscar nuevas alternativas que den un toque de novedad a las prácticas sexuales. De lo que se trata es de crear un ambiente sugerente y una mentalidad seductora empleando todos aquellos elementos que la vida nos pone por delante y de los que a veces no nos damos cuenta. Por ejemplo, la risa: una pareja ha de reírse como si fuera la primera vez que se ve. Tampoco es igual hacer el amor que practicar el sexo, y con la edad parece que se deja de lado todo lo que rodea a la práctica sexual pensando que ya no interesa, cuando lo cierto es que los sentidos pasan a ocupar un primer plano y adquieren una importancia de la que se carece en épocas anteriores».

¿Caducan los espermatozoides?

Psicólogos de la Universidad de Sheffield, en Gran Bretaña, sostienen que no existe la menopausia masculina, ya que los hombres pueden estar activos sexualmente tanto a los veinte como a los sesenta años. Lo que en modo alguno quiere decir que no sufran un declive físico, aunque éste es mucho más lento que el de la mujer.

«La diferencia —según la doctora Menéndez— es que nosotras dejamos de tener células reproductoras y ellos no, aunque en los últimos años se está viendo que, debido a factores como el estrés, la calidad y la cantidad de los espermatozoides es mucho menor. Lo que es indudable es que la sexualidad, tanto en las mujeres como en los hombres, cambia con la edad. No es lo mismo hacer el amor con treinta que con cincuenta años. Con cincuenta se hacen muchos excesos en el trabajo que contribuyen al cambio: cada día hay más hipertensos o que utilizan antidepresivos, factores que influyen en la disminución de la actividad sexual. Tengo experiencias de mujeres de cincuenta a quienes les encantaría tener una mayor actividad sexual, y no la tienen porque falla la pareja. Es entonces cuando hay que buscar ayuda. Muchos hombres se niegan a someterse a tratamientos, y otros que han abandonado toda actividad sexual y lo encuentran normal.»

Durante siglos la impotencia ha sido tema tabú en la sociedad porque se asociaba a falta de masculinidad. La impotencia, también llamada disfunción eréctil, es la incapacidad de lograr una erección suficiente como para lograr una relación satisfactoria. Dicho esto, y según el mayor estudio de población sobre conductas sexuales realizado recientemente y publicado en *JAMA* (el prestigioso diario de la Asociación Médica Norteamericana), cuatro de cada diez mujeres y tres de cada diez hombres sufren lo que los expertos definen como «disfunción sexual». Un problema que afecta directamente a la calidad de vida de hombres y mujeres. Un problema que ha encontrado en la Viagra y en el sildenafil (un principio activo del fármaco que actúa aumentando el flujo sanguíneo en el órgano sexual masculino) sus mejores aliados, sabiendo, eso sí, que no es una pastilla mágica. Y que si no hay un estímulo previo, no funcionará, aunque se ha demostrado que más del 60 por ciento de los pacientes notan una gran mejoría en la calidad de sus erecciones.

Para la mujer ya está a la venta un producto llamado Uprima, hidroclorato de apomorfina, que acaba de ser aprobado por las autoridades sanitarias europeas, lo que está provocando una segunda revolución sexual que estoy segura beneficiará a la relación de pareja, pero muy especialmente a las parejas más maduras.

No sólo la farmacología obra el milagro: es de todos conocido que la actividad física es beneficiosa tanto para la mente como para el cuerpo, ya que reduce el estrés, levanta el ánimo y aumenta la autoestima.

Hay una teoría entre los sexólogos que dice: «Si no lo usas, lo pierdes». El primer estudio longitudinal sobre envejecimiento en la década de los cincuenta ya demostró que mantener relaciones sexuales con frecuencia alargaba la vida. En el nuevo milenio, y a medida que aumenta la esperanza de vida y que los avances tecnológicos son mayores, los matrimonios que antes duraban treinta, cuarenta o cincuenta años podrían durar ochenta o más. No sé si esto es bueno, malo o regular, lo tendrá que decir cada persona en función de cómo le vaya su propia feria sentimental. Pero de una cosa sí estoy segura: la sexualidad beneficia a hombres y mujeres. No hay una edad que marque el final de la actividad sexual.

[illegible]

[illegible]

[illegible]

AHÍ FUERA HACE FRÍO

La mayor parte de la infelicidad de la gente procede de no saber estar solos en su habitación.

PASCAL

Dice Carmen Alborch: «Vivir sola no es lo mismo que estar sola, ni sentirse sola, ni ser una persona solitaria». Y tiene razón. La soledad que duele es la que te deja exhausta, sin ganas para afrontar el reto diario de vivir sola o acompañada. Una enfermedad que, según los especialistas, es congénita al ser humano, y que el hombre asume mucho peor que la mujer, con más miedo, aunque en el caso de la mujer suele ir pareja al desamor, a la muerte de un ser querido, al síndrome del «nido vacío», que puede suponer un trauma difícil de superar, especialmente cuando no se dispone de un proyecto de vida propio e independiente del de la pareja.

Asidua como soy a los programas de radio, he podido comprobar, noche tras noche, madrugada tras madrugada, que lo que la mayoría de la gente necesita no son fármacos. Lo que la mayoría de la gente necesita es exteriorizar sus sentimientos, puesto que vivimos en un mundo poco amable con quienes no tienen la fortaleza suficiente para saltarse todas las barreras que una sociedad tan competitiva y excluyente como la nuestra pone diariamente en su camino.

«La razón por la que tanta gente llama a la radio —dice Mara Torres, directora del programa *Hablar por hablar* de la cadena SER— es porque no tienen que enfrentarse a la mirada de quien les está escuchando. Hay un tema universal que sale todas las madrugadas: el amor o el desamor. El mundo parece girar en la medida en la que gira nuestro amor. Una noche, leyendo un texto de Carlo Fabretti, en el que reflexionaba acerca del amor y de la muerte, el escritor llegaba a la conclusión de que el miedo a la soledad es más terrorífico y temible que el miedo a la muerte, por eso sufrimos tanto el desamor. El privilegio de elegir la soledad puede convertirse, a su vez, en un peligroso fantasma cuando es la única opción que nos queda. Y en esto no hay distinción entre géneros. El dolor de un hombre abandonado o la pasión que siente cuando está enamorado es igual de intenso que el de una mujer.»

Para el doctor Rojas Marcos, encargado hasta hace unos meses de la salud mental de los neoyorquinos, la mejor solución a lo que se ha dado en llamar «la peste del siglo XX», es «hablar para mantener la mente sana. En España, a pesar de que la gente fuma mucho, toma mucho café y duerme poco y mal, tiene una esperanza de vida muy alta, la tercera del mundo. Y todo eso se debe a que hablan mucho. Me llama la atención ver a la gente caminando y hablando solos por la calle».

Una práctica que se puso de moda en los confesionarios, y que ahora se ha ampliado a la tele, a la radio, a los institutos de belleza y a los gimnasios, que son el equivalente a los sillones de los psicoanalistas y sin duda más baratos. A las pruebas me remito.

Tengo grabada en mi memoria visual una anécdota que me hizo pensar en los trastornos que ha ocasionado en nuestro país una educación tan encorsetada como la que recibieron nuestras madres y nuestras abuelas. Una educación muy condicionada por la religión, para la que todo lo que tenía que ver con el sexo era pecado.

Iba yo todas las semanas a Votre Ligne, un gimnasio de la calle Serrano de Madrid, donde había una masajista muy dicharachera, que tenía unas manos prodigiosas y una lengua de armas tomar. Una de aquellas tardes tuvo lugar la siguiente conversación:

—Rosa, ¿se ha fijado usted en la señora que acaba de salir de la cabina?

—No, ¿le pasa algo?

—Sí, que se había separado y ha vuelto con su marido.

—Eso le ocurre a mucha gente, Eulogia.

—No crea, éste es un caso extremo.

—¿Por qué?

—Porque un día el marido le dijo que después de treinta años de matrimonio se había dado cuenta de que hacían el amor como los albañiles (con perdón para el gremio de la construcción) y que no estaba dispuesto a seguir así ni un día más.

—¿Y?

—¿Sabe lo que le pidió? Que le hiciera una felación o, de lo contrario, se marchaba con otra. Imagine la cara de esa pobre mujer, beatona de misa diaria. Tuvieron una bronca tremenda, pero ella, convencida de que el marido no cumpliría su amenaza, le dijo que nones, que ella era una mujer decente y que por nada del mundo le haría esas porquerías. Dicho y hecho. Él, ni corto ni perezoso, se marchó de casa. Durante meses esa pobre mujer pasó un verdadero infierno. Su educación y su religión no le permitían ceder a las pretensiones del marido, pero... era mucho lo que estaba en juego, y al final se tragó su orgullo, su vergüenza, su estricta educación, llamó al marido y le dijo que estaba dispuesta a hacer lo que fuera si volvía a casa.

—Y usted, Eulogia, ¿cómo sabe estas intimidades?

—Porque un día se echó a llorar cuando le estaba dando un masaje. No sabía con quién hablar de esos temas, y se desahogó conmigo. La pobrecilla estaba convencida de que esas cosas sólo las hacían las mujeres de la vida y, claro, yo le dije que no, que era lo normal en una pareja. Para animarle, le conté que yo lo hacía con mi marido y no era tan tremendo. No valía la pena jugarse treinta años de matrimonio por una tontería como ésa. De verdad se lo digo, si Dios existe, esta mujer tiene que ir al cielo, porque no sabe el asco que le da hacerle esas cosas a su marido. Hoy me ha dicho que no sabe si va a poder aguantarlo y yo le he contestado que a todo se acostumbra el cuerpo.

Ni que decir tiene que, a partir de aquel día, cada vez que me cruzaba en los vestuarios o en la ducha con aquella pobre mujer —menuda, de unos sesenta años, bien conservada— no podía menos que imaginarme la escena. Cuán grande debía de ser su soledad y su angustia para contarle a una masajista sus interioridades en vez de hacerlo a un especialista, a una amiga, a alguien que le ayudase a solventar un problema que, sin duda, venía motivado por una educación estricta que tantos estragos ha ocasionado a generaciones y generaciones de españoles.

Dicen los psicólogos que la culpa de que tanta gente se sienta sola se debe a que, ocupados como estamos en mil cosas, vivimos sin apenas prestar atención a quienes están a nuestro lado, de ahí que cada día sean más los ancianos que mueren en sus viviendas sin que nadie se dé cuenta de lo que les ha ocurrido hasta que un día, no pudiendo soportar el olor que sale de su vivienda, los vecinos llaman, alarmados, a los bomberos y descubren que la luz de la habitación de al lado no se apagaba porque quien podía hacerlo llevaba muerto una semana.

Peor aún es la indiferencia con la que contemplamos las imágenes que en cada informativo nos ofrecen los medios de comunicación audiovisuales, donde la violencia doméstica, los maltratos a los niños, la pederastia y la muerte de gente que no pudo defenderse, y menos aún gritar para pedir ayuda, es el pan nuestro de cada día.

La televisión ha desmitificado el dolor y la muerte, motivo por el cual contemplemos con absoluta indiferencia sucesos como el de unos jovenzuelos que mataron a cuchilladas a un mendigo que dormía en un soportal de un barrio de Madrid. Y es precisamente esa sensación de normalidad de lo absurdo lo que permite que mucha gente acuda a determinados programas de televisión donde en medio de un gran circo van contando sus miserias para regocijo del respetable.

Ahora bien, ¿por qué en vez de lamentarnos no invertimos el orden de los factores e intentamos sacar partido de todo lo bueno que nos ofrece la vida moderna? Hay muchas maneras de combatir la soledad, y una de ellas puede ser la de recuperar viejos amigos, hábitos como la lectura, la tertulia distendida, los estudios que abandonaste al casarte... Todo menos dejar que la soledad se instale en tu casa y tome las riendas de tu vida.

Como estoy convencida de que hay remedios para todos los males, busqué lugares de encuentro donde va gente que, por diferentes motivos, no tienen tiempo para hacer nuevos amigos. Cuán grande fue mi sorpresa cuando comprobé que hay centros especializados en relaciones humanas. No todos los que acuden en busca de ayuda lo hacen por los mismos motivos. La movilidad en el trabajo es una de las causas más extendidas entre los hombres, así como la separación, el divorcio o la viudedad entre las mujeres.

Cita a ciegas

Alter Ego es un centro situado en una zona elegante de Madrid. Lo dirige Asunción Giménez, y es propiedad de Pilar y Ana Fernández, abogadas de profesión, quienes, después de algunos años ayudando a la gente a divorciarse, consideraron que había llegado el momento de poner en práctica todo lo que habían aprendido ejerciendo el derecho.

Viajeras infatigables, se dieron cuenta de que en Francia las agencias matrimoniales eran algo normal. Nada que ver con las agencias de contactos que tanto proliferan en nuestro país. Así, después de hacer un curso en asesoría de relaciones humanas, se lanzaron a una aventura que les da muchas satisfacciones.

En ese peregrinar por el mundo buscando fórmulas nuevas, lo que más les llamó la atención fue precisamente la cantidad de gente «descolocada» que había en nuestro país. Un fenómeno típico de las grandes ciudades que afecta tanto a mujeres como a hombres que, una vez que se separan, se quedan sin amigos o sin lugares donde ir. Pero no todos los que acuden a Alter Ego son gente solitaria. A veces van acompañados de su pareja para tratar con la psicóloga la manera de solucionar problemas comunes.

Antes de iniciarse en el negocio, Pilar y Ana tuvieron que solventar algunas dificultades. La más importante de todas, los tabúes que tiene la gente respecto a este tipo de negocios. De ahí que lo primero que hicieron fue darse a conocer a través de una campaña publicitaria muy bien diseñada. Querían evitar a toda costa que hubiera equívocos e insistir en que no era un lugar de ligue puro y duro. Lo más difícil fue mentalizar a la gente de que era un gabinete pedagógico en el que, además de conocer a gente nueva, te enseñan a relacionarte.

Ni que decir tiene que las primeras en responder fueron las mujeres y, más lentamente, los hombres. Todos con un nivel económico medio-alto y con un nivel cultural más que aceptable. Tienen en común una buena dosis de soledad, ya que la mayoría se definen como «sufridores de una ruptura matrimonial o sentimental».

El hecho de que sus problemas no se trataran de forma frívola fue animando al resto de la gente. Funcionó muy bien el de boca en boca. En los años que lleva funcionando han pasado por el centro más de seis mil personas, todos intentando empezar una nueva vida.

El método parece infalible: una vez que la psicóloga les hace la ficha y les pregunta qué quieren y qué necesitan, les pone en contacto con las personas más afines para que se conozcan. Si la relación no cuaja, siguen buscando. El filtro que supone tener claro cuál es el perfil de la persona ayuda mucho a los psicólogos. Después está la «química», que unas veces funciona y otras no.

El resultado, desde que se inauguró el centro hasta nuestros días, no puede ser más satisfactorio. El 68 por ciento se emparejan y el 34 por ciento se casan. Lo más curioso es que son ellas las que más miedo tienen a dar el paso definitivo, o sea, a comprometerse.

Según Asunción, el retrato de las personas que acuden a Alter Ego es: hombres o mujeres que han pasado la barrera de los cuarenta, buscan compañeros con los que compartir una serie de afinidades y con los que paliar su soledad y, lo más curioso, ellas no quieren un hombre que se les pegue a la chepa y les reste libertad de movimientos. Como la mayoría son separadas, viudas, divorciadas o tienen una profesión que les solventa el tema económico, se sienten más libres a la hora de elegir un compañero con el que compartir sus horas de ocio.

Se da la curiosa circunstancia de que las viudas no acuden en busca de ayuda hasta que han pasado tres o cuatro años del óbito. Todo lo contrario que los hombres, que al mes de perder a su esposa ya están preocupados por lo que será de su vida de ahí en adelante. De lo que se deduce que los hombres no saben vivir solos.

También las separadas y divorciadas pasan un tiempo de «alivio luto», muy parecido al de las viudas, porque en el fondo estamos hablando de alguien que ha perdido a un ser querido, con el agravante de que generalmente la dejan para irse con otra, a una edad en la que piensan que la vida no les va a dar otra oportunidad de ser felices. Pero como el tiempo hace cicatrizar todas las heridas, una vez que se sienten repuestas del golpe, se vuelven más realistas y lo que buscan es una relación que se desarrolle en un plano de igualdad y respeto que, en la mayoría de los casos, no habían sentido antes.

No quieren que un hombre las mantenga, y tampoco quieren mantenerlos ellas, porque se niegan a ser de nuevo el soporte de su otra costilla. A los hombres los prefieren con un nivel cultural alto. En cuanto al sexo, la mujer recupera las ganas de hacer el amor, aun las que tienen experiencias nefastas en este campo.

Los hombres, en cambio, cuando acuden al centro, el 60 por ciento lo hace pensando en una mujer atractiva, les da igual que sean rubias, morenas o pelirrojas, pero sí diez o quince años más jóvenes que ellos, que en la mayoría de los casos rondan los cincuenta. Para que no se les interprete mal respecto a sus intenciones, lo primero que dicen es que son muy vitales, hacen mucho deporte y están en forma para afrontar lo que se les viene encima. ¡Serán ilusos!

Lo que no dicen nunca es que necesitan reafirmar su virilidad, razón por la cual la mayoría de ellos quieren volver a ser padres. Da igual que hayan estado casados anteriormente o que sean solteros, todos quieren perpetuar la especie.

Es importante decir que la mujer madura y con experiencia es más exigente a la hora de buscar pareja. Hace treinta años se conformaban con lo que les caía en suerte, ahora no. Les gusta que el hombre se cuide físicamente, que tenga sentido del humor y, sobre todo, que tenga experiencia. La experiencia es un grado.

Dios los cría y ellos se juntan

Miriam y Rafael se conocieron en Alter Ego y hoy forman una pareja estable. Ambos están jubilados; ella está divorciada de su primer marido, es madre de tres hijos, licenciada en historia, y hasta hace unos meses trabajaba dando clases en un colegio de Madrid, y él es ingeniero industrial, viudo y padre de ocho vástagos. Se casaron el 18 de julio de 1999, y en su relación no han faltado las luces y las sombras.

Miriam se presentó en el centro acompañada de su hijo Alberto porque llevaba una temporada que no le apetecía salir con nadie: «A esta edad (los cincuenta y cinco) es difícil encontrar a un hombre que te guste y con el que puedas salir, pues la mayoría de ellos están casados, aunque lo niegan al conocerte. Lo único que buscan es llevarte al huerto».

Miriam es alta, rubia, comprensiva, valiente. Prueba de ello es que decidió romper con su marido en una época en que estas cosas estaban muy mal vistas por la familia y por la sociedad: «Para mis padres, fue un golpe terrible, porque la filosofía de la época era "aguantar, aguantar", nunca separarse. Imagínate cómo sería que las casadas te miraban mal, incluso las amigas, porque pensaban que formabas parte de sus competidoras. Los hombres, algunos de ellos casados con amigas, se lanzaban a la caza y captura».

Como la mayoría de las mujeres que se separan jóvenes, Miriam ha dedicado todo su tiempo a cuidar de sus hijos, a educarlos como a ella le hubiera gustado que estuvieran educados los hombres de su generación, respetando a las mujeres. Así se entiende que sus dos hijos varones estuvieran en el secreto y uno de ellos se brindara a acompañarla porque nada deseaban más que ver feliz a su madre.

Rafael se quedó viudo con ocho hijos en edades comprendidas entre los diecisiete y los veintisiete. Cuando murió su mujer, se hizo el firme propósito de que lo más importante para él, más que su vida personal, era dedicar tiempo a sus hijos y arreglar sus vidas. No fue una tarea fácil. Sólo cuando estuvieron todos encauzados, se dio cuenta de que le faltaba algo. Se enteró de la existencia de Alter Ego leyendo la revista *Ciudadano*, y no le costó mucho tomar la determinación de llamar al centro para concertar una cita con la psicóloga.

Tenía claro lo que buscaba: nada de chicas jóvenes. Esto sorprendió a Ana, la especialista. Él quería una esposa, no un ligue para pasar el rato. Durante un año se entrevistó con tres o cuatro mujeres, pero ninguna le impactó tanto como Miriam. Fue un flechazo. Desde el primer momento, Rafael quedó prendado de una mujer que le ha devuelto las ganas de vivir. Eran muchas más las cosas que tenían en común que las que les separaban: a ambos les gusta la música, la pintura, el teatro. Sólo hay una cosa en la que no coinciden: el senderismo. Pero todo se andará. Sobre todo ahora que se han jubilado y tienen todo el tiempo del mundo para hacer lo que les dé la gana.

Pero para Rafael pronto empezaron los problemas familiares. Cuando sus hijos se dieron cuenta de que la historia iba en serio, se pusieron en su contra. De nada sirvió que le vieran feliz, que los hijos y la familia de Miriam le hubieran aceptado. Su negativa a que contrajera un nuevo matrimonio fue frontal: «Los hijos creen —dice Rafael— que los padres son una farmacia de guardia permanente, y cuando no lo eres se sienten ofendidos».

Al contrario de lo que hicieron los hijos de Rafael, que no fueron ni siquiera a su boda, los de Miriam aceptaron el nuevo estatus de su madre, a la que ante todo querían ver feliz porque durante toda su vida no ha hecho otra cosa que trabajar para que a ellos no les faltase nada.

Antes de casarse, Rafael repartió todo lo que tenía entre sus hijos: el piso en el que vivía, las joyas de su madre, una finca. Empezó de cero. Por su parte, Miriam aportó al matrimonio, además de sus tres hijos, a su madre enferma (que murió poco después) y a su perro.

Juntos forman hoy una familia como otras muchas. Una familia que tiene una espina clavada en el corazón. Miriam lleva años intentando que la Iglesia anule su primer matrimonio, pero ya se sabe que las cosas de palacio van despacio y las de la Rota mucho más, salvo que estés dispuesta a soltar un pastón. No es su caso. Ellos se consideran católicos y apostólicos y quieren la nulidad por derecho. Conseguirlo les haría muy felices, porque desean vivir en paz con Dios.

La asignatura de la convivencia la han aprobado con nota alta. En cuanto a cómo es la relación cuando se ha pasado la barrera de los cincuenta, ambos insisten en que «es más gratificante porque sabes lo que quieres. Hay que exponerse, aunque siempre existe el riesgo de que la relación no funcione. Es importante no secuestrar a tu pareja, cada uno debe conservar sus propios amigos, incluso aquellos que no se integren con la nueva pareja».

Amores virtuales

Las relaciones por Internet comenzaron como un viaje hacia lo desconocido. Algo que pasaba en las películas pero que nunca pensamos que fuéramos a protagonizar ninguna de nosotras. En muy poco tiempo, navegar por internet se ha convertido en una herramienta de trabajo que nos permite acceder a la globalización de la cultura de la información sin movernos del sillón de nuestra casa, al tiempo que nos permite relacionarnos con gente de otros lugares. Un método que tiene el inconveniente de que nunca sabes cuál es la verdadera identidad de la persona que está al otro lado de la Red.

Según los últimos estudios, una de cada cinco personas que acceden a Internet se enganchan a alguna actividad que tiene que ver con el sexo o con los sentimientos. Los chats eróticos son los más visitados en la actualidad, aunque pocos se atrevan a reconocer que se han enganchado a un juego que de la misma manera que puede aportarte la felicidad te puede lanzar directamente a los infiernos.

El anonimato permite jugar a la gallinita ciega, inventarse nombres y personalidades que no existen más que en la imaginación del personaje que a uno le gustaría ser y no fue. Lo que no quiere decir, en modo alguno, que todas las relaciones se basen en la mentira y el engaño. Para mucha gente son la fórmula para romper con la rutina, de relacionarse, de vivir aventuras que de otra forma no se atreverían a protagonizar. De forma que internet se ha convertido en el vehículo a través del cual puedes encontrar remedio a tu soledad, olvidándote durante un tiempo de esa relación que poco o nada te aporta en lo afectivo o en lo sexual pero que te da seguridad emocional o económica. Un vehículo a través del cual la gente logra evadirse de sus problemas. Circunstancias todas que hacen cada día más atractivos los chats, hasta el punto de que son muchas las mujeres que se han enamorado de alguien del que por no saber no saben ni siquiera su verdadero nombre, pero con quien han logrado iniciar una relación que les permite conocer la gloria de cerca.

Si alguna ventaja proporciona este tipo de relaciones es que pueden tenerlas sin que eso les suponga sentimiento alguno de infidelidad. Los problemas surgen cuando la atracción es tan grande que deseas conocer a esa persona, tenerla en tus brazos, hacer realidad el sueño. Llegado este momento, pueden ocurrir dos cosas: que tu amor virtual no sea como lo habías imaginado, con lo cual la relación termina antes de empezar, o que, por el contrario, se convierta en el amor de tu vida, que es lo que le ocurrió a Karmenchu.

Karmenchu tiene cuarenta y nueve años, está casada desde hace veintisiete y es madre de una joven a la que adora. Con su marido mantiene una relación muy estrecha basada en la independencia y en la libertad de movimientos, porque, por motivos laborales, han tenido que pasar mucho tiempo separados, viviendo en ciudades diferentes. Una relación que, pese a las infidelidades de Karmenchu, sigue en pie porque nunca se le ha pasado por la cabeza romper con su marido y menos hacerle partícipe de sus aventuras sentimentales. El hecho de que pasen largas temporadas separados ayuda a Karmenchu a llevar una doble vida que en su ciudad natal sería imposible de ocultar. Karmenchu es ejecutiva de una empresa que tiene su sede central en Hispanoamérica, lo que le obliga a pasar fuera de España largos períodos de tiempo y a conocer gente de muy diferentes culturas, pero también a saborear la soledad hasta llegar a hacerle daño. Fue en uno de esos momentos de desánimo cuando Karmenchu se enganchó a Internet y comenzó la que sin duda es la gran aventura de su vida. Una historia que cuenta por primera vez amparada por un nombre supuesto, que le ha marcado a sangre y fuego el corazón:

«Mis primeros meses en la ciudad de Fez (Marruecos) fueron de soledad no querida. De puertas afuera, era una ejecutiva en un puesto de élite, y de puertas adentro una nómada más en un apartamento sin alma, con una mesa y dos sillas de plástico, un lecho desnudo y un hornillo antediluviano por todo mobiliario: el acicate perverso para provocar la entrega al trabajo, única alternativa al tedio, de ahí que el correo electrónico se convirtiera en el consuelo y contacto rápido con los afectos que se dejan atrás. Un bálsamo para la nostalgia de lo cotidiano, la misma nostalgia que me invade siempre que me desgajo de lo propio en aras de ese nomadismo que me acompaña desde la infancia. Fue en mi anterior destino, en América del Sur, donde experimenté como novata el fenómeno de los chats, en una dirección de Internet que no recuerdo quién me proporcionó. Me sorprendió, entonces, la pobreza del lenguaje y las peticiones de «privados», provenientes de seudónimos sin rostro.

»En Fez, el azar me condujo una tarde, mientras me desesperaba aguardando a que bajara una página web de la que precisaba extraer información para mi trabajo, a una dirección de un chat latino, a una sala llamada La Taberna, con reminiscencias en el nombre de un lugar de encuentro. Observé, sobre todo, la diferente utilización de un mismo idioma, y leía algunas palabras para las que no hallaba significado. Me llamó la atención alguien que intervenía de cuando en cuando: era crítico y provocador, pero se expresaba culta y fluidamente. Cruzamos preguntas y respuestas esa tarde y otras más, siempre que coincidíamos en el chat. Poco después, conversamos en privado e intercambiamos nuestras direcciones de correo electrónico y nos invitamos a escribirnos…

»Su escritura me atraía. Entre líneas de tanteo, asomaba una intensidad que me sorprendía. Sin que ninguno de los dos manifestara el gusto por las letras del otro, fuimos acostumbrándonos a la correspondencia...

»Se mostraba esquivo a la hora de hablar de sí mismo, aun cuando yo sí le facilité mis datos personales reales. Sólo en una ocasión se refirió a "la clandestinidad como mala compañera", lo que no dejaba de ser una revelación sorprendente y arriesgada. Nunca he dudado de la veracidad de cuanto me decía: tenía compañera e hijos de los que vivía separado por unas circunstancias que yo desconocía pero que lógicamente me intrigan, y más cuando me escribió: "Te quiero, con todo el temor de expresarlo".

»Abril trajo lluvias benefactoras para las cosechas y tifones devastadores en el gueto del trabajo. Si es cierta la afirmación de que uno es como cree ser y como lo ven los demás, siempre he buscado el afecto de mis próximos, he trabajado en lo que me gusta y me pregunto a menudo por qué he perdido a tantos de los míos. Sin embargo, no me veo como una víctima y no quisiera nunca ser verdugo.

»Escribirle a él y leer sus mensajes se convirtió en mi ocupación prioritaria, imprimía sus cartas antes de abandonar el despacho y las noches se vistieron de fiesta de los sentidos con la lectura reposada y complacida en sus letras. Al tiempo, hallé gratificantes algunas reuniones, casi todas en el entorno universitario, donde encontré la combatividad que echaba de menos... Conocí a seres dispersos, también perdidos, sin duda, que me permitieron recobrar la palabra...

»En el mes de mayo, ya en España, casi inmovilizada por una lesión, me enseñaron a hablar por internet a través del MSN, un programa. Su voz, modulada y acariciadora, con un acento hispano no muy marcado, ese que mece las sílabas, y con el uso de los diminutivos que ahuyentan las brusquedades, contrastaba, imagino, con el tono seco y bronco de quien ha aprendido el español en la Castilla añeja. La Red sigue siendo un vínculo frágil, pero ahora podíamos hablar de vez en cuando o escribirnos simultáneamente sin necesidad de salas de chat.

»De vuelta a mi destino, me llevé conmigo un ordenador, que instalé en casa al tiempo que Internet. Él no se conectaba a una hora fija. Yo mantenía la conexión abierta y le esperaba. Fue entonces cuando le hablé de él a una amiga y ella comprendió así que se me iluminaba el rostro desde temprano y me volvía indiferente a las acechanzas diarias.

»Conservo cada una de sus cartas, y en ese tiempo cruzábamos varias al día, en las que compartíamos lecturas, saberes, referencias y alguna pincelada sobre su vida... Pocos días más tarde, él desapareció de la Red durante casi cuarenta y ocho horas, y permanecí toda la noche acurrucada en un sofá, con la mirada furtiva ante la pantalla, corroída por la angustia de imaginarlo en peligro. Regresó y me recriminó mis temores: "Y si te digo que no desaparezco, que son los tiempos los que se dividen. Y si te digo que no me pierdes, porque ya me has ganado. Lo triste de las búsquedas, todas, es que terminas encontrando lo que querías buscar para darte cuenta de que no era lo que querías. Por eso no te busco; te llevo en la vida, construyendo los nosotros (con licencia de Paz), sin buscar más allá de lo que el presente nos regala".

»Por esas mismas fechas, me anunció que abandonaba por un tiempo su refugio, de forma que cada día crecía en mí la impaciencia y sus cartas y nuestras conversaciones me sabían a poco, hasta que un día, con cautela o más bien con desconfianza, su hermano me buscó en la Red. Perfilamos un encuentro, con el escollo de hallar un cobijo seguro para estar juntos.

»Preparar el viaje no fue fácil por ninguno de los dos lados. Él arriesgaba ser detenido en los traslados; entiendo, pues, los recelos de sus hermanos, custodios de su seguridad, sobre todo cuando el riesgo respondía a un encuentro con una mujer a quien había conocido en un chat. Por mi parte, necesité mentir y vencer la resistencia de mis amigos más cercanos, convencidos de que podría caer en una trampa. Los días anteriores a la partida me vi bombardeada por sus temores y resolví depositar en un notario un sobre lacrado con los datos que poseía respecto a él. Sin apenas noticias, me roía la culpa de desear verlo junto con el temor de imaginarlo en peligro. Durante la primera parte del vuelo sólo podía pensar en su riesgo, y cada vez que la somnolencia me vencía, despertaba sobresaltada por el peligro que le acechaba...

»El vuelo a México hacía escala en Atlanta (Estados Unidos), y disfruté de la consabida hospitalidad americana en el aeropuerto, donde una señora que reunía en el trasero todos los centímetros que normalmente se dedican al contorno de pecho, de cintura y de caderas, me increpó con violencia y me amenazó con la autoridad al verme encender un cigarrillo. Le animé a hacerlo y añadí que sería, sin duda, lo único emocionante que viviría en toda su vida. Llegué a mi destino, un país hispanoamericano, y fui en taxi hasta el hotel, donde al día siguiente pasarían a recogerme. El hotel disponía de Internet, y le envié un mensaje confirmando mi llegada. Me indicó que aguardara. Esperé en vano tres días más y decidí regresar a casa. Me sentía engañada, decepcionada, pero resuelta a volver y dar carpetazo a la historia, a falta de otro remedio. Busqué una agencia de viajes para cambiar la fecha del billete y, ya en el hotel, el teléfono mostraba una luz intermitente roja. Levanté el auricular y escuché el mensaje. Su hermano estaba abajo. En el vestíbulo, aun sin referencias físicas de él, lo encontré. Me acompañó a la habitación, me arreglé, cerré las maletas y subí a su coche, después de haberle dicho que ya no sabía realmente qué hacer y haber escuchado su respuesta: "Ven, por favor".

»Al cabo de unas dos horas de trayecto llegamos a una vivienda. Pulsó el timbre. La puerta se abrió. Entré y, detrás de la puerta, lo vi. Sonreía. Yo supe entonces que lo amaría siempre. Si en algún momento me había cruzado el pensamiento de que el encuentro quizá desmitificaría lo compartido hasta esa fecha, tenerlo ante mí desbarató esa posibilidad remota. Nos sentamos los tres a la mesa de comedor. Ellos hablaban entre sí. Él me miraba y yo a él… Al rato apareció otro hermano suyo, supongo que movido por la curiosidad y porque nuestra cita era una ocasión regalada para estar con su hermano un ratito más… Nos quedamos solos y el mundo se hizo nuestro. Él no podía salir a la calle y yo me ausentaba el tiempo justo para hacer la compra. No recuerdo un instante de esos días en que no me apremiara el deseo de sentirlo cerca. Escucharle sin las interrupciones de la Red; su mirada, penetrante a veces, tierna otras, perspicaz siempre; tomar sus manos y sentirme abrazada por él me embriagaba… No llevé la cuenta de las veces que hicimos el amor. Sé, eso no lo olvido, que jamás antes me había sentido tan hermosa ni tan deseada.

»Reconocer cada rincón de su cuerpo era una necesidad y un placer al mismo tiempo. Y supe que le pertenecía. Nos amamos entre pasión y risas… No es fácil relatar el acto de amar, porque lo esencial es vivirlo. Los sentimientos se describen con metáforas, quizá porque el lenguaje no los alcanza. Todavía, todas las noches, me acompaña su mirada en el gozo, porque "amante es el que ama". Su amor y su pasión derribaron mis temores. Temía, sí, la diferencia de edad entre nosotros. Tan sólo una vez en mi vida había tenido una relación con un hombre más joven que yo, pero entonces tenía treinta años, y ahora, cuarenta y ocho, frente a sus treinta y seis. No le sentí nunca menor en el reto intelectual, pero sí me acompañaba la inseguridad femenina en el cuerpo. Ambos llevamos a la espalda experiencia en amoríos, pero desde que estuvimos juntos mi cuerpo le pertenece por entero.

»"La felicidad de tenerte, de que seas mía, no empaña ninguna otra. Después de todo, la vida sin amor no sabe a nada y tú, chiquita, eres el amor que sazona todos mis instantes, aunque aquí no se encuentren los Productos. Me gusta tu mirada vestida de verde, pero igual la amaría marrón o azul. Me encantan tus cabellos rubios, pero igual serían atrapados en los dedos con el color de la nocturna vida. Me excita el contraste de tu piel, pero igual se fundiría en un abrazo que te llenara toda si fueras del color de la tierra. Te amo por ser tú, por ser como eres y por lo que eres. No podría amar a otra mujer fuera de las dos que tengo y si llego a perderte, mi chiquita, porque los consejos o los temores o los hechos o la vida o lo que sea contra lo que luchare te roba de mi lado…".

»Enseguida los temores se volvieron ciertos. "La madrugada de ayer, sin orden de cateo (sin autorización de un juez), entraron ejército y policía a las casas de seguridad de los ex compas. Comoquiera que recibieron apoyo, evitaron ser torturados. Fui informado en calidad de simpatizante, lo que constituye un reconocimiento expreso de la separación aceptada. Esto y la certeza de que su detención evita la guerra contra las comunidades de la sierra y la muerte de ellos mismos, me tranquiliza. En todo caso, voy a acelerar el traslado de sede. Éste es mi último día en el refugio, y lo celebro sin alegría. No puedo explicarte, quizá no lo entenderías, pero le tengo cariño a las paredes de mi encierro. Voy a tratar de hacer espacios. Como vives en mí, estarás presente en cada instante. Estar juntos se transforma en necesidad para abatir la duda, y yo deseo que la cercanía propicie el amor, el deseo y la ternura que, como necesidad, tienen retorno. El amor que hacemos dura entre risas y caricias lo que queramos, y como ya te decreté eternidad como medida, pues ahora sólo queda la unión como propósito. Te amo todo y más"».

La historia de Karmenchu tiene todos los ingredientes para hacer de ella una novela de éxito: la infidelidad, la intriga, el miedo a que se pueda enterar su marido, la vida errante de él, el peligro que supone que la gente de su entorno acabe descubriendo un romance que, a toda costa, quiere mantener en secreto porque la pasión que siente por ese hombre ha puesto patas arriba su bien programada vida...

Por supuesto que siguen viéndose, que el amor y la pasión siguen instalados en sus corazones, pero la fuerza de la razón les dice que llegará el día en que esa urgencia por estar juntos, por acariciarse, por mirarse a los ojos, dará paso a otros sentimientos más cálidos que les permitirán seguir cada uno por el camino que se han trazado. Pero mientras llega ese momento, la vida de Karmenchu es un sin vivir, un volcán en el que se zambulle cada vez que él la reclama.

LIBERTAD SIN IRA

Cada paso que he dado me
ha costado lágrimas y sangre.

Núria Espert

Si hay un tema en el que hombres y mujeres estamos de acuerdo —mira que es difícil lograr esa unanimidad— es en la transformación que ha sufrido y está sufriendo la familia española, lo que nos obliga a buscar nuevas fórmulas de convivencia.

El hecho de que la mujer haya roto con el sometimiento al marido, que no dependa de sus ingresos, es lo que nos ha permitido conquistar lugares que nos estaban vedados. Gracias a la incorporación de la mujer al mundo laboral hemos salido de casa, lo que está obligando a los hombres a entrar en ella, para compartir los trabajos domésticos y el cuidado y la educación de los hijos.

Si hasta hace unos años la que funcionaba era la familia convencional —padre, madre e hijos—, con la ley del divorcio el cambio ha sido de ciento ochenta grados; los que antes se consideraban hogares atípicos se están convirtiendo en una norma muy extendida entre los más jóvenes: mujeres solteras con hijos propios o adoptados, separadas convertidas en cabeza de familia, los «sin papeles», parejas de gays, parejas de lesbianas, madres solteras, parejas en las que sólo trabaja uno de sus componentes —en ningún sitio está escrito que tenga que ser el hombre— o parejas en las que ambos trabajan.

Sin embargo, y pese a esos cambios, la política de familia en España sigue basándose en esquemas ideológicos que no se corresponden con las demandas de las españolas. De ahí que los gobiernos estén intentando articular medidas sociolaborales adecuadas a estos nuevos modelos familiares. Promover el empleo de las mujeres y hacer compatible su trabajo profesional y su vida familiar es la asignatura pendiente de las sociedades modernas. Y mientras ese problema no se solucione, España permanecerá atrapada en un perpetuo desequilibrio de baja fertilidad (estamos en el nivel más bajo de Europa: 1,2 hijos por mujer).

Son aves en extinción las mujeres que tienen que ocuparse de las tareas relacionadas con la casa y de los niños, aunque este tipo de familia tradicional todavía sigue anclado con mucha fuerza en las raíces de nuestro sistema, sobre todo en los países del Mediterráneo.

Según datos de la UE, hace veinte años sólo uno de cada diez nacimientos se producía fuera de un matrimonio convencional. Ahora, es uno de cada tres (27,2 por ciento), y en países como Francia, Suecia o Dinamarca es uno de cada dos. En cambio, en España, con un 14 por ciento, Italia (9 por ciento) y Grecia (4 por ciento), las cifras siguen siendo mucho más bajas, cercanas a lo que ocurría en los años ochenta en el resto de Europa.

«Las nuevas formas de estructuración del trabajo están afectando a los modelos familiares —señala el sociólogo Juan Carlos Ballesteros, experto en estudios de mercado y, por lo tanto, en la composición de la sociedad española— porque al mercado laboral se accede más tarde, y porque se exige una mayor preparación. También la edad a la que se tienen hijos es mucho más tardía y las nuevas modalidades de trabajo en precario dificultan la formación de una familia, así como el hecho de que ambos cónyuges tengan que trabajar para mantener un determinado nivel de vida. Así que la tasa de reproducción genera un desequilibrio entre trabajo y familia. Actualmente hay dos esquemas que conviven: la familia tradicional, como se ha entendido siempre, que está a la baja, sometida a una fuerte presión, y otros veinte modelos diferentes, que eran impensables en España hace veinte años. Se trata, por ejemplo, de mujeres que deciden tener hijos solas, familias monoparentales, parejas homosexuales... Todas estas transformaciones van, lentamente, abriendo un camino que hace ya muchos años que debería estar despejado.»

Las dificultades con las que tropiezan las mujeres para entrar en el mercado laboral tienen efectos negativos sobre el crecimiento demográfico, ya que muchas se ven obligadas a escoger entre la familia o el trabajo. Y esto es especialmente cierto en nuestro país, además de en Grecia, Portugal e Italia.

No es casual tampoco que España tenga los índices

más bajos de natalidad de toda Europa, estando por debajo incluso del reemplazo demográfico necesario para garantizar el futuro. Un descenso que tiene su origen en la economía, y sobre todo en que para la sociedad actual los niños se han convertido en un artículo de lujo por los enormes gastos que ocasiona su manutención y educación: «Ha habido —dice Javier Aranguren— un cambio de valores según el cual el éxito profesional se ha equiparado a la felicidad. La gente piensa que si tiene hijos a una edad temprana puede perder oportunidades laborales».

Razón por la que las españolas son, junto con las británicas, las que menos prisa tienen en procrear, superando la media europea: «Las jóvenes se mantienen solteras y sin hijos cada vez más tiempo, para prolongar su educación y entrenamiento laboral y poder entrar así en el mercado de trabajo».[1]

Otra novedad que está causando importantes cambios es el hecho de que las mujeres maduras puedan tener hijos bien por fecundación in vitro o por la donación de óvulos, métodos que están burlando a la propia naturaleza, y que demuestran que la edad ya no es una barrera para quienes han comenzado una relación tardía y desean ser padres, o para los que en un determinado momento se arrepienten de no haberlos tenido, incluso para quienes

1. Reportaje de Leonor Hermoso sobre «La nueva familia española», publicado en el magazine de *El Mundo* el 4 de noviembre de 2001.

habiéndolos tenido los pierden y no se resignan a esa mutación afectiva: el 15 por ciento de los matrimonios en España son de mujeres de más de treinta y cinco años, habiéndose multiplicado por diez la tasa de nacimientos en mujeres mayores de cuarenta, en los últimos diez o quince años.

La pregunta que me hago y les hago es si merece la pena arriesgarse. Depende del grado de necesidad de cada una. Tengo amigas que han apostado por la adopción o el parto en solitario, y se sienten muy satisfechas y felices del paso que han dado. Es más, viéndolos tengo la convicción de que a un hijo biológico no se le quiere más que ellas a los suyos. Todas querían hacer realidad el sueño de ser madres, aun a sabiendas de los riesgos que ello implica, y de que en España todavía no se practica ninguna técnica de reproducción asistida a mujeres mayores de cuarenta años por propia decisión de los médicos. Lo que no quiere decir que no haya quien se salte a la torera las normas establecidas.

Madres-abuelas

El fenómeno de las mujeres que tienen hijos a edades avanzadas no es nuevo, o al menos no lo es en mi familia. Mi abuela materna, Francisca Sánchez, castellana recia, gestó a mi madre cumplidos los cincuenta y no tuvo ningún problema. Y eso que entonces los hijos no nacían en los hospitales, sino en las casas, y en el mejor de los casos, con la ayuda de una matrona. Murió a los ochenta y nueve años, cuando mi madre tenía treinta y nueve, y yo quince. Lo que de alguna manera desmitifica el tema de la edad, más ahora que hay tantos adelantos que protegen a la mujer de posibles malformaciones o peligros.

Con la ley en la mano, no existe impedimento alguno para que una mujer pueda tener hijos a partir de determinada edad. Sí hay, en cambio, un mínimo para someterse a una técnica de reproducción asistida, que son los dieciocho años.

Pese a lo cual la polémica sigue abierta, e incluso candente cuando se supo, por ejemplo, que una mujer había dado a luz en Barcelona a los sesenta años gracias a la fecundación in vitro. La noticia sorprendió no sólo a la clase médica, sino también a quienes piensan que no podemos olvidarnos en este debate del bienestar afectivo del niño, ni de la posibilidad de convivencia y el compartir la vida con una mujer mayor. Aspectos que según la socióloga y escritora Eulàlia Solé «describen a la perfección el papel estándar de la mujer en nuestra sociedad. Cuestionar la maternidad en función de la edad de la mujer no deja de ser discriminatorio si tenemos en cuenta que eso nunca ocurre cuando es el hombre el que ha pasado la barrera de los cincuenta e incluso de los sesenta, como en el caso de Anthony Quinn y Michael Douglas, etcétera».[2]

2. *La Vanguardia*, 8 de noviembre de 2002.

Hijos, ¿sí o no?

Otro núcleo importante, aunque se habla poco de ello, es el de las mujeres que no han querido tener hijos, y que según el Instituto Nacional de Estadística alcanza un número considerable que aumenta día a día.

«Yo creo —dice Carmen Alborch— que es muy importante realizar los deseos que cada uno tenga. La maternidad deseada es fundamental, porque para traer un hijo al mundo tienes que desearlo. Admiro a la gente que tiene hijos sin desearlos pero les quieren y les cuidan; de esos casos está el mundo lleno. Yo no pienso así. Creo que no se puede traer un hijo al mundo si no quieres. E igual que yo respeto a la gente que tiene hijos, pido que se me respete a mí, que no los he tenido. Cada vez se entiende más que la maternidad se vaya posponiendo. Y eso es algo que realmente está cambiando la sociedad.»[3]

No es la ex ministra de Cultura la única mujer a la que la idea de la maternidad no le seduce. En una entrevista que hice recientemente a Maribel Verdú me reiteró su postura: «Sigo en mis trece. Quiero perros, no quiero niños». En parecidos términos se expresó Trinidad Jiménez, candidata socialista a la alcaldía de Madrid: «Yo no he querido tener hijos porque no he encontrado al hombre con el que me gustaría tenerlos. Para mí tener hijos es un acto de amor, es el producto del amor de dos personas.

3. *Diez Minutos*, 22 de noviembre de 2002.

Sé que suena algo conservador, pero para mí tener un hijo es concebirlo y tenerlo con el hombre al que quieres. Nunca he deseado ser madre sola, aunque respeto a las madres que han tenido ese impulso. Nunca he tenido el deseo de tener un hijo por el hecho de satisfacer mi deseo maternal».

Tampoco yo he querido tener hijos porque desde muy joven tuve claro que era una responsabilidad que no estaba dispuesta a asumir. A día de hoy no me he arrepentido de una decisión que he renovando en diferentes momentos de mi vida, y no por ello me considero un bicho raro.

Es más, de un grupo de siete amigas periodistas que nos conocemos desde hace veinticinco años y que nos reunimos con frecuencia sólo dos optaron por la maternidad en solitario. El resto teníamos claro que no era ése nuestro camino. Y ninguna, que yo sepa, ha echado de menos la compañía de un hijo, ni se ha arrepentido de esa decisión. «Las mujeres —dice Inés Alberdi— han evolucionado, han cambiado su forma de vida y están obligando a cambiar a sus familias. Ahora lo que le están pidiendo al hombre es que cambie él.»

La pregunta del millón es si ellos están dispuestos a hacerlo: «Los jóvenes sí —insiste la socióloga—, los maduros no; hay dos procesos en marcha. Uno, la modernización que supone que la mujer tiene que dedicarse a más cosas, y dos, la propia modernización del país, que empuja a los hijos a formarse para una posición mejor que la de sus padres».

El aumento de los hogares unipersonales ha sido considerable en toda la Unión Europea y son los más numerosos en los países escandinavos (más del 30 por ciento de los hogares). El mayor aumento es el experimentado en los Países Bajos (más del 23 por ciento). Por su parte, España, junto con Portugal, posee el índice más bajo de la Unión, que no supera el 15 por ciento del total de sus hogares.

Cada vez más cantidad de gente piensa qué edad es la más adecuada para casarse, siendo Portugal, Reino Unido y Bélgica donde los jóvenes se casan más pronto (menos de veinticinco años para las mujeres y menos de veintisiete años para los hombres).

Un descenso, el de nupcialidad, que está directamente relacionado con el aumento de los divorcios y el bajo nivel de fecundidad, lo que ocasiona el desarrollo de nuevos modelos: cohabitación, familias recompuestas y familias monoparentales.

Transformaciones que están produciendo un nuevo fenómeno: el cambio en la transmisión del apellido. La modificación de la ley en noviembre de 1999 permite colocar el apellido de la madre en primer lugar, y eso es lo que han hecho ya 30.000 parejas en España.

Evitar que el apellido se pierda y destacar el de mayor «belleza, raigambre, fama o peso en la sociedad» son las principales razones para establecer el nuevo orden. Las parejas, que deben estar de acuerdo a la hora de relegar el apellido paterno, suelen dejar en un segundo lugar apellidos como Pérez, García, Sánchez, Fernández y Rodríguez. En caso de que los padres no estén de acuerdo con el cambio de orden, el bebé se inscribirá con el apellido paterno.

Hijos sí, maridos no

Tratamiento aparte requiere otro fenómeno en auge: el de las mujeres que optan por la maternidad en solitario, madres solteras, que es muy común en los países del norte de Europa, pero que en el nuestro estaba muy mal visto hasta hace apenas unos años.

«La maternidad en solitario es un recurso de última hora —dice la socióloga María Dolores Obiols, de la Universidad Pompeu Fabra—. Otro factor a tener en cuenta es la conquista de una autonomía inédita hasta ahora por parte de las mujeres que les permite compaginar sus funciones productiva y reproductiva. Ante la incapacidad de muchos hombres de asumir ese doble papel, ellas deciden hacerlo sin su ayuda.»[4]

No hay datos fiables del número de mujeres que deciden poner punto y final a su soledad optando por la fecundación in vitro. Sí se sabe que en 1996 representaban el 5 por ciento las que fueron inseminadas con semen de donante. Un número que ha ido creciendo hasta alcanzar

4. *El Semanal*, 17 de noviembre de 2002.

el 33 por ciento en el año 2001. De lo que nadie duda es de que lo que está en marcha es una auténtica revolución que tiene una protagonista indiscutible: la mujer.

«En las mujeres de cincuenta —dice Inés Alberdi— se ha atenuado también la desvalorización de la mujer que no tiene pareja o que no tiene hijos. Y se ha revalorizado a las mujeres independientes, que pueden viajar, que tienen recursos propios y son libres. La admiración que causan, entre sus amigas con pareja e hijos, las solteras hace que la comparación no sea tan ingrata. Cuando sólo había un rol, la que se quedaba soltera era digna de lástima. Ahora es digna de admiración.»

Hay un nuevo perfil de soltera que dista mucho del que se tenía hace unos años. En la actualidad no se quedan solteras, eligen serlo. Son, por lo general, las que están dedicadas a su carrera y a su profesión, las que más consumen y las que más gastan en sí mismas, las que más proyectos individuales tienen y, en definitiva, las que vienen pisando fuerte porque no necesitan ser madres o tener un marido para realizarse. Lo que no quiere decir que no tengan aventuras ocasionales o que desprecien el sexo. Simplemente, prefieren no tener pareja estable.

Según algunos estudios de mercado, las solteras son las que más dinero gastan, las que más miman su cuerpo, las más sociales y las más aguerridas. Un tipo de mujer que se viene gestando desde mediados del siglo XX, y las define una idea contundente: quieren estar solas y vivir solas. Una mujer sola ya no es aquella que se quedaba para vestir santos. Hoy una mujer sola aprende inmediatamente a llenar su vida de actividades y de personas.

Es posible también que algunas hayan decidido no casarse después de una frustración amorosa; pero no siempre es ésa la razón. Las hay que se apasionaron tanto con su profesión que percibieron que cualquier vínculo amoroso profundo les llevaría hacia la maternidad o la convivencia lo que les alejaría de su objetivo: ser independientes. Ahora son militantes de la soltería. Un tipo de mujer que los ingleses han calificado con la palabra *single*, que no sólo quiere decir «sola» sino también «única, singular, diferente de las otras».

Más que los años, en el comportamiento femenino influye el estatus económico. No es igual la mujer que al separarse depende de lo que esté obligado a pasarle el marido que quien tiene la autonomía necesaria para no tener que depender de ningún hombre.

A veces tengo la impresión, viendo lo que ocurre a mi alrededor, de que el matrimonio como institución está en crisis, cuando lo cierto es que en nuestro país la tasa de divorcios es la más baja de Europa. Según la Encuesta Europea de Valores 2000, el 75 por ciento de los españoles cree que el matrimonio no está pasado de moda porque cada vez son más frecuentes las segundas y terceras uniones. El 65 por ciento de los varones divorciados y el 30 por ciento de las mujeres vuelven a casarse. Una realidad que según datos del CIS afecta al 5 por ciento de los hogares españoles.

Hace años, la familia monoparental se originaba por la viudedad o el abandono. Hoy, debido a la emancipación y progresiva autonomía de las parejas, gracias al divorcio como forma de resolver los conflictos de éstas y debido, cómo no, a los cambios sociales y familiares protagonizados fundamentalmente por la mujer, asistimos a un crecimiento paulatino de esta forma de ejercer la maternidad-paternidad.

Son numerosas las investigaciones que se están llevando a cabo y que demuestran claramente que la familia monoparental funciona perfectamente y no tiene por qué ser más negativa para la autoestima de los hijos que la tradicional, siempre y cuando la madre, el padre, o ambos, elaboren adecuadamente el proceso reorganizativo que supone esta nueva realidad personal y familiar. Gracias a ello, muchas parejas se han liberado por fin de las cadenas que la tradición les imponía.

Hasta hace poco, las mujeres casadas y los hijos que no se habían emancipado quedaban subordinados jurídicamente al cabeza de familia, o sea, al padre. Actualmente, el panorama ha cambiado mucho. El acceso de las mujeres al sistema educativo en todos sus niveles, el nacimiento y desarrollo del feminismo, la incorporación de la mujer al mundo laboral, el aumento de la participación de las mujeres en la vida política y, por supuesto, la creciente importancia de la educación y el aumento de autonomía de los niños han sido los motores de ese cambio. Todo lo cual está alentando un decaimiento del poder patriarcal y, lo más penoso, la feminización de la pobreza, que es, creo yo, uno de los problemas más preocupantes, porque demuestra que se está perpetuando la dependencia económica de la mujer respecto a su ex marido.

Por supuesto que no todo es negativo, al contrario. Con la incorporación de la mujer al mundo laboral, se está dando el caso curioso de que son muchas las divorciadas que no quieren cometer el mismo error dos veces, lo que hace crecer el número de hogares unipersonales. Y es significativo el alto porcentaje de ellas que, una vez que superan el trauma de la separación, muestran un aumento de la autoestima y un mayor control sobre sus vidas.

Según algunos estudios realizados a través de tests psicológicos, la mujer que se ha divorciado a una edad mediana supera al hombre en salud emocional y en bienestar, siempre y cuando su situación económica no varíe. La pregunta es: ¿qué se entiende por edad mediana? Según algunos estudios, la franja que va de los cuarenta a los cincuenta, o a los sesenta, dependiendo del tipo de vida que hayan llevado.

«Hasta los cincuenta —dice Paca Sauquillo— las mujeres hemos estado planteándonos ilusiones por realizar. Ilusiones de tener compañero, ilusiones con los hijos, ilusiones en el trabajo, ilusión de crear cosas nuevas. A partir de ahí yo me siento más responsable de mi propia vida. Ahora quiero dedicarle más tiempo a mi vida personal, a mi vida privada y a mi vida de responsabilidad personal de lo que he hecho. A partir de los cincuenta he asentado las bases de todo lo anterior y disfruto más. También reflexiono más sobre mi propia vida y lo que me rodea, y pienso que puedo aportar mucho más a los demás.»

El club de los «amos de casa»

Es difícil cuantificar la transformación que están viviendo los hombres españoles de entre cincuenta y sesenta años, más difícil aún que saber cómo les han afectado anímicamente los cambios de roles familiares y sociales. Pero una cosa sí está clara: a la mayoría les ha cogido con el pie cambiado. Lamerse las heridas no parece ser la mejor manera de buscar solución a las discrepancias surgidas por estos cambios, de ahí que algunos (no todos, porque sería como pedir peras al olmo), pretendan convertirse en punta de lanza de una nueva manera de entender la convivencia.

Son los menos, pero lentamente el hombre se va dando cuenta de que su colaboración en la casa es tan necesaria como trabajar fuera de ella. Y puesto que la mujer se ha incorporado al mercado laboral sin abandonar el resto de sus ocupaciones, bueno sería que ellos pusieran su granito de arena empezando por colaborar en las tareas propias de ambos sexos.

Conscientes de que éste es un problema que requiere soluciones atrevidas, algunos ayuntamientos, como el de Bilbao o San Fernando de Henares, en Madrid, han puesto en práctica cursos para enseñar a los hombres a hacer las tareas domésticas. La idea no sólo no es mala, sino que debería servir de ejemplo a los grandes municipios.

Hay un refrán que dice «La letra con sangre entra». Si queremos que los hombres compartan las tareas domésticas, habrá que enseñarles a freír un huevo, a poner la lavadora sin que la ropa encoja tres tallas, o a fregar los platos —aunque en esto último nadie les va a dar lecciones, porque los españoles son de toda la Comunidad Económica Europea los que mejor friegan, gastan mucho detergente y prefieren el estropajo al lavavajillas—, sin que ello suponga una merma en su autoestima.

Se trata de una forma de ampliar y enriquecer sus conocimientos, que no tienen que ir unidos siempre a la literatura, a la macroeconomía o a las subidas y bajadas de la Bolsa.

Educación, cuidado de los niños, limpieza, costura, planchado y reparaciones en la vivienda son algunas de las asignaturas que enseñan en el taller «Atrévete con la casa», que puso en marcha el Ayuntamiento de San Fernando de Henares y que, según la concejala de Servicios Sociales de la Mujer, Mercedes Varas Gutiérrez, apenas tiene precedentes en nuestro país: «Insistimos mucho en la necesidad de reflexionar sobre los cambios sociales y en la implicación en la familia por parte de los hombres, lo que puede facilitar la comunicación de la pareja, y aliviar las maratonianas jornadas de las mujeres que trabajan en casa y fuera de ella».

La mayoría de los alumnos que se han apuntado a estos cursos lo hacen porque les da vergüenza ver a su mujer convertida en su esclava, según sus propias palabras. Les da pena que tengan que levantarse bastante antes que ellos para dejar la comida hecha, las camas en perfecto estado de revisión, el salón recogido y los baños y la cocina limpios como los chorros del oro. Fue la razón por la que cuando oyeron hablar de estos cursos para «amos de casa» no se lo pensaran dos veces.

La experiencia les ha demostrado que compartiendo las tareas domésticas no sólo su mujer está más contenta, sino que ellos se han integrado en un lugar, su casa, en el que muchas veces se han sentido como convidados de piedra.

Pero no toda la culpa es suya, también lo es de esas madres que les educaron en el culto al machismo, a la personalidad del macho ibérico, una educación trasnochada que ojalá desaparezca de una vez por todas.

Estoy segura de que muchos hombres de mi generación se resisten a compartir las tareas domésticas porque nadie les dijo que tenían que colaborar. En cambio, los jóvenes de hoy no se sienten menos hombres por pasar la fregona o el plumero. En eso tienen menos complejos, son más libres y miran a las mujeres con otros ojos. Claro que también la mujer tiene que aprender a controlar ese sentimiento maternal que a veces nos invade y que es el origen de muchos de los problemas que nos aquejan.

Por ejemplo, si llegas a tu casa y ves a tu marido metido en harina, tranquila. No se te ocurra decirle que lo deje, mucho menos gritarle que es un cerdo porque te ha puesto la cocina hecha un asquito. Antes de hablar, respira hondo y cuenta: una, dos, tres, cuatro, cinco, seis, siete, ocho, nueve, diez veces... ya verás como ves las cosas de otro color. Acércate, dile que huele a gloria bendita y ve tranquila a ver el informativo de Àngels Barceló. Lo peor que puedes hacer es decirle que es un inútil o hacer tú la cena, porque será el clavo al que él se aferrará para desentenderse de unas tareas que (no lo olvides) son cosa de dos.

El mejor síntoma de que el panorama está cambiando entre los jóvenes es que en uno de cada cuatro hogares hay un reparto igualitario del trabajo doméstico. Los jóvenes definen su hogar ideal como aquel en el que la pareja trabaja y comparte por igual las tareas familiares.[5]

Viudas reivindicativas

Tratamiento aparte merecen las viudas, que desde hace tiempo reivindican la misma pensión que el marido tenía en vida. Un drama que, sumado a la pérdida afectiva, obliga a muchas de ellas a vivir enclaustradas, o en casa de sus hijos, lo que disminuye notablemente su calidad de vida y su independencia.

5. Última encuesta del CIS.

En España hay más de dos millones de viudas, la mayoría de las cuales se niegan a alimentar ese estereotipo de «viudas alegres» que les ha adjudicado la sociedad si han conseguido rehacer su vida, o de «viudas tristes» cuando prefieren vivir en soledad o simplemente no poner velos a su dolor.

Una constante en los testimonios de quienes se han prestado a poner voz a la viudedad es: «Cuando el marido se muere, se lleva la llave de la despensa». Frase que encierra una gran dosis de frustración e injusticia, porque responde a la situación de precariedad en la que quedan muchas viudas que, según dicen, «despertaron a la cruda realidad el día que, todavía con el pañuelo empapado en lágrimas, contemplaron la poca pensión que les quedaba».

Los accidentes de coche o enfermedades como el cáncer han hecho que cada día sean más las mujeres que se quedan viudas siendo muy jóvenes, lo que agrava considerablemente el problema. Sólo en España hay veinte viudas por viudo, lo que significa que se quedan sin marido a los diez años de matrimonio como media. Cifras escalofriantes, de las cuales sólo un 3 por ciento vuelve a contraer matrimonio. Con estos datos en la mano, insisto una vez más en lo importante que es que la mujer disponga de sus propios recursos económicos.

Hace unos meses entrevisté a Núria Espert, a quien admiro y quiero por su valía profesional y humana. Como es lógico, hablamos del vacío que sintió al morir su marido, Armando Moreno, y de cómo logró superar la pérdida de un hombre con el que compartió sus mayores triunfos, sus alegrías, sus tristezas y con el que tuvo dos hijas maravillosas: «El tiempo, Rosa, es lo único que puede hacer que el dolor se vuelva más dulce, porque al principio es como un cáncer doloroso y atroz. Pero el cáncer te mata y el dolor no, y como no te mata por grande que sea, se queda ahí dentro, pero poco a poco se vuelve dulce. A mí me ayudó muchísimo mi trabajo, más que la familia y que el amor de la familia, porque ellos en esos momentos están como tú, llenos de dolor. Fue importantísimo el trabajo y el tiempo. Y cuando digo que me ayudó es que me cambié de casa, y a la nueva no me llevé ni un vaso ni unas bragas, nada. Eso me vino muy bien. Pero, claro, comprendo que no todo el mundo lo puede hacer, es el privilegio de estar en un momento de mi carrera en el que me lo puedo permitir. Pero fue fantástico quedarme sólo con los recuerdos».

No todas las viudas pueden cambiarse de casa y emprender una nueva vida, pero sí intentar no aferrarse a un dolor que, como dice Núria, va haciéndose más llevadero a medida que pasan los días, los meses y los años. Son muchas las actividades que pueden desarrollar, basta con que empiecen a coger el pulso a su vida para que la tristeza sea más llevadera. Me consta que son muchas las que lo hacen, las que se matriculan en cursos de todo tipo, asisten a conferencias, van a museos. No digo que la amistad sea más importante que una pensión digna, pero la amistad es un lujo que hay que cultivar todos y cada uno de los días de nuestra vida.

ABUELAS «MUCHAMARCHA»

Los hijos son las anclas que
atan a la vida a las madres.

Sófocles

Cuando se habla de las abuelas, lo hacemos con nostalgia. A ellas les debemos una entrega y un cariño que difícilmente volveremos a recibir. Las abuelas son, junto con las madres, las que nos dan el amor más desinteresado de todos. Así, ejercer de abuela es una satisfacción para todas aquellas mujeres que tienen un arraigado sentimiento de maternidad, e incluso para aquellas otras que delegaron en terceros la educación y crianza de sus hijos.

La edad no es impedimento para desempeñar un papel que llega en un momento de la vida en que las prioridades suelen ser menos perentorias: al haberse marchado los hijos del hogar, «las yayas y los yayos» disponen de más tiempo libre, lo que les permite disfrutar de esta «segunda maternidad» en plena madurez.

Lo natural, o al menos hasta ahora así era, es que los hijos propios lleguen a una edad temprana coincidiendo con los primeros años del matrimonio, una época de mayores inquietudes profesionales, lo que impide a los padres dedicarles todo el tiempo y la atención que los niños necesitan. En cambio, los nietos son el aliciente que la mayoría necesita para seguir considerándose jóvenes y activas.

Todos estos cambios han influido en la incorporación de la abuela, y también de los abuelos, a un primer plano de la estructura familiar. Los motivos van unidos a los cambios que ha experimentado la sociedad: las condiciones laborales y económicas son fundamentalmente las causantes de la reducción drástica del número de hijos, así como la incorporación de la mujer al mundo laboral, lo que ha originado la necesidad de un replanteamiento de la unidad familiar.

Es ahora más que nunca cuando la figura de los abuelos adquiere un notable protagonismo y una valiosa función social. En muchos núcleos familiares son ellos los que asumen la responsabilidad afectiva, educativa e incluso económica de los nietos, proporcionándoles afecto, tiempo, protección y seguridad durante su infancia y adolescencia. Se establece en estos casos un vínculo enriquecedor que permite a los abuelos sentirse útiles, activos e ilusionados.

Gracias al papel de las abuelas, muchas mujeres pueden seguir trabajando, lo que ha resultado vital para el desarrollo laboral de la mujer. Las que por tradición han sido amas de casa al servicio de los demás, han educado a sus hijas para que se desenvolviesen en el mercado laboral, no quieren que dejen de hacerlo aunque ello les suponga a ellas un doble esfuerzo. Cuidan a sus nietos con la misma dedicación y entrega que prestaron a su pareja, a sus hijos y a sus mayores con la salvedad que lo hacen en un momento de su vida en que podrían estar tomando el sol alegremente o haciendo cosas que no pudieron hacer en su juventud. Lo que ha contribuido a que se haya originado un cambio sociológico sin precedentes en la Unión Europea, donde las trabajadoras españolas menores de cuarenta años, que han accedido en masa y en tiempo récord al mundo del trabajo, valoran más que las europeas su profesión —a la que sitúan por encima de la vida familiar— y armonizan mejor el trabajo a tiempo completo con la crianza de los niños. ¿Cuál es el truco?, se han preguntado los sociólogos europeos.

La respuesta ha sido desvelada en una encuesta que ha elaborado la Universidad Carlos III de Madrid para el Instituto de la Mujer. ¿Qué estrategias siguen las españolas para conciliar la vida profesional con la familiar? Una pregunta que trata de resolver el estudio encargado por la directora del Instituto de la Mujer, Concepción Dancausa.

El papel insustituible de la abuela materna en el cuidado de los nietos ha sido la respuesta del 90 por ciento de las mujeres de familias monoparentales y del 60 por ciento de las restantes. Estas abuelas, según la encuesta, recogen a los niños en el colegio y cuidan de ellos hasta que los padres vuelven a casa.

Las abuelas españolas no viven esta función como una carga, al contrario: han aumentado sus expectativas de vida y alejado el fantasma de la depresión por el síndrome del nido vacío. «Son las mujeres-puente que sostienen tres generaciones: hijos e hijas, nietos y nietas, y padres y madres. Y todos esperan de ellas funciones nutrientes activas», señala el informe. Son muchos los sociólogos que están convencidos de que el papel de perfecta casada, perfecta madre y abuela, y no menos perfecta hija hacia sus padres ya mayores, se extinguirá con la generación actual. Para los padres, contar con los abuelos para que cuiden de sus hijos es la opción que más tranquilidad les proporciona, además de ser la más cómoda, segura y barata, pero ¿cómo afecta psicológicamente esta responsabilidad a los interesados? La respuesta nos la ofrecen investigadores estadounidenses, que han llevado a cabo un trabajo con abuelos y abuelas que vuelven a ejercer el papel de padres, que puede resumirse en pocas palabras: «aquellos que tienen que atender a los nietos sufren depresiones más acusadas que los que no asumen esta responsabilidad».

Para realizar el trabajo, los científicos de la Universidad de Carolina, en Berkeley, recopilaron información en dos fases. En la primera los expertos encontraron, según demuestra el estudio publicado en la revista *Archives Family Medicine*, que cuidar de los nietos está asociado a niveles significativamente más elevados de depresión.

Los datos revelan, además, que la depresión es aún más alta entre los abuelos que se estrenan con el cuidado de los nietos (que acaban de asumir esta responsabilidad) y entre los más jóvenes. Asimismo, los mayores que gozan de una buena salud se deprimen menos que los que están o se sienten más enfermos.

Los autores del trabajo opinan que, «dado el cada vez más elevado número de abuelos que ejercen de cuidadores, los especialistas deberían investigar más la relación entre los cambios en el rol familiar y los síntomas de depresión».

Es posible que, con esta vida tan agitada que llevamos, muchos abuelos sientan que no se han liberado de unas cargas que por la edad deberían haber tocado a su fin. Sin embargo, por la experiencia de muchas de mis amigas, me consta que la mayoría de ellas están encantadas de haber recuperado el papel de educadoras, de madres, en un momento de su vida en el que parecía que todo había llegado a su fin. Lo que no quiere decir que haya que abusar del cariño siempre desinteresado de los abuelos.

¿Nuevas esclavas?

Marisa Viñas fue la fundadora de Abumar (Asociación de Abuelos en Marcha) en 1998. Es la primera y única asociación de este tipo que funciona en España y en Europa.

A Marisa se le ocurrió fundarla cuando se separaron sus dos hijas y tuvo que convertirse en una «abuela roca», eje de la familia. Fue en ese momento cuando tomó conciencia de que los abuelos estaban perdidos, que no tenían a quién contarle los problemas ni las alegrías relacionadas con sus nietos. Fue ése el germen del que nació una asociación intergeneracional en la que se consideraran las relaciones entre abuelos y nietos, y que tiene una característica especial: defender a los abuelos porque los niños ya tienen sus propias instituciones que les defiendan. «Me di cuenta —dice Marisa— de que la administración no concede nada a quien no lo pide, así que iniciamos todas las demandas que teníamos pendientes.

»El principal logro de la asociación es que en el Consejo de Ministros, cuando se debatió el proyecto de ley para la protección a la familia, se incluyó un párrafo por el cual los abuelos tendrían el derecho a ver a sus nietos cuando los padres se separan. Eso supone que empieza a reivindicarse y entenderse el papel de los abuelos.

»El principal motivo de preocupación de los abuelos, y una de las razones por las que más se ponen en contacto con nosotros, es porque no pueden ver a sus nietos. Esto suele pasar cuando las parejas se separan, entonces los abuelos no son considerados, no tienen ningún derecho. No se otorga ninguna importancia al papel del abuelo, cuando la tiene, y mucha. Los abuelos pierden todos los derechos frente a sus nietos en casos de separación traumática. Los abuelos sufren muchísimo en estos casos También nos ocupamos de los abuelos que se tienen que hacer cargo de sus nietos por distintas causas, como por fallecimiento de sus padres o porque no los pueden atender porque tienen problemas con la droga, la enfermedad, la cárcel, etcétera.

»Estamos trabajando además en un nuevo proyecto para el que ya tenemos financiación, sólo necesitamos local. Se trata de la Casa de los Abuelos, un centro donde escuchar todas las alegrías y las penas de este colectivo. Se les asesorará en todos los sentidos, porque a veces tienen problemas y no saben adónde acudir.

»El papel de las abuelas ha cambiado en los últimos años. Ha pasado de ser una figura a la que los hijos iban a visitar, a una mujer que sirve de canguro. Digo una mujer porque los hombres de mi generación (yo tengo sesenta y siete años) no están acostumbrados a cambiar pañales, por eso somos las abuelas las que solemos hacernos cargo de los nietos.

»Este nuevo papel tiene muchas ventajas, como que los niños están muy bien con los abuelos y que los mayores tienen una ocupación. Pero también tiene un lado malo: que se abusa de los abuelos. Los abuelos se sienten en la obligación de cuidar a los niños, no se atreven a decir que no porque se sienten culpables. Eso supone un esfuerzo extra para los mayores que, a veces, se convierte casi en una explotación. Hay que estar siempre pendiente de los niños y, de repente, se encuentran con una nueva carga.

»En la asociación aconsejamos que es bueno volcarse con los nietos, pero sin dejar de tener tu propia vida. Hay que tener en cuenta, además, que los nietos, igual que los hijos, se van, es ley de vida, y vuelve a producirse el síndrome del nido vacío, pero a una edad en que es más difícil rehacer la vida.

»Hace unos años se editó un libro titulado *Abuela esclava. Pandemia del siglo XX*. Todos se escandalizaban porque se mantenía la teoría de que había abuelas que habían llegado a morir por un exceso de trabajo. Ésa no es una exageración, se dan esos casos porque se carga de responsabilidades y de trabajo a los mayores y no se tiene en cuenta que algunos no tienen fuerzas, por su edad, para soportar una carga tan grande.

»El principal problema que tienen ahora los mayores es que la sociedad ha cambiado mucho, vivimos muchísimos años más, pero hasta ahora no ha habido una preparación para el ocio. En nuestra sociedad no estamos preparados para administrar nuestro ocio ni para vivir tanto tiempo. Creo que ése es el principal reto que se tiene que conseguir: preparar a las personas para una jubilación muy larga que puede ser muy fructífera.

»No creo, sin embargo, que los mayores tengan más problemas que los jóvenes. Hoy todos padecemos de soledad o de incomunicación. Creo que esos temas son cuestión de carácter, de forma de ser, más que de la edad. Un joven pesimista será un abuelo pesimista y uno optimista lo será también con ochenta años. No creo que haya tanta diferencia entre los jóvenes y los mayores, todo depende de cómo sea cada uno.»

La socióloga Inés Alberdi cree que es necesario compensar las alegrías que dan los nietos con la inmensa losa que se cierne sobre las cabezas de algunas mujeres que tienen que convertirse en «superabuelas»: «Se ven obligadas a ejercer de tales y dedicar muchas horas a sus nietos para ayudar a sus hijos, pero también hay una satisfacción en esa actividad para ellas. Hay que buscar un equilibrio entre la obligación y la satisfacción. Ahora, la compatibilidad entre familia y trabajo tendría que ser responsabilidad de las administraciones públicas, de unos gobiernos más generosos que inviertan más presupuesto en este terreno, y de las empresas, para que flexibilicen el enfoque laboral. Ahora se está cargando mucho sobre las abuelas, sobre las mujeres de más de cincuenta y cinco años; esas mujeres están entregando muchísimo de su trabajo y de su esfuerzo a ayudar a sus hijos, sobre todo a sus hijas. Hay una vía de relación familiar que va más por vía materna que por vía paterna. Ahí hay mucho campo para la realización, para ser útil, de la gente mayor. Esa mujer que ha llegado a los cincuenta y cinco o los sesenta años y ha perdido el sentido de su vida doméstica tradicional puede volver a ser útil a través de sus nietos. Ahí hay un papel de enriquecimiento vital muy interesante para las mujeres mayores. Los hombres mayores tienen aún que descubrir también la satisfacción de la vida familiar y doméstica».

El tiempo es oro

La ventaja de la edad es que puedes recuperar el tiempo perdido, sabores nuevos, hacer realidad sueños inalcanzables. Son muchas las personas que se incorporan a la universidad cuando su actividad profesional ha finalizado o, en el caso de las mujeres, cuando los hijos abandonan el hogar.

Adoración Folgado lo sabe muy bien. Ella es la directora de la Universidad de la Experiencia, un programa universitario para personas mayores que lleva funcionando, en la Universidad de Salamanca y en treinta universidades más, desde 1993. Los destinatarios son gente de más de cincuenta y cinco años, sin más requisitos previos de acceso que la edad y el deseo o la curiosidad por aprender. Abrir la universidad a las personas mayores supone aceptar que se puede aprender a cualquier edad, ya que algunas limitaciones que se puedan adquirir con el paso de los años (agilidad, memoria, agudeza sensorial, etcétera) pueden contrarrestarse con otras posibilidades que se consiguen cuando se alcanza la madurez (tiempo, curiosidad, experiencia, constancia, etcétera). En esto, como en tantos otros campos, las féminas están a la vanguardia, ya que el 75 por ciento de los alumnos son, cómo no, mujeres.

Tras diez años de experiencia con alumnos maduros, Adoración Folgado hace la siguiente reflexión: «Todos muestran una gran ilusión por ir a la universidad, actividad que por diversas circunstancias no pudieron desarrollar cuando eran más jóvenes. Hay una diferencia abismal entre los jóvenes que acuden a la universidad y estos alumnos adultos. Los mayores aprecian más lo que se les enseña y tienen más motivación. De hecho, casi ningún alumno quiere marcharse de la universidad, así que, cuando acaban el plan de estudios, se reenganchan a todas las actividades que se organizan desde la asociación de antiguos alumnos. Han conseguido, además, una cosa importantísima, que es devolver la ilusión a muchos docentes que ya no encontraban mucho sentido en su trabajo. Con los adultos han vuelto a considerar que su trabajo es importante».

En estas aulas, muchos han logrado una segunda oportunidad. «Hace treinta años, estas personas vivían otra realidad —asegura Adoración—, les era imposible acceder a la universidad. Ahora todo ha cambiado, y es el momento de ofrecerles un mayor número de posibilidades. Hay que democratizar la educación, y eso incluye pensar en otros sectores de la población, como el de los jubilados, que crece día a día.»

La profesora Folgado ha sido testigo de cómo cambia la vida de estas personas en cuanto se sientan en su pupitre: «La entrada de una persona adulta en la universidad mejora su imagen en el seno de la familia. Todos dicen que en su casa se les valora más, que sus hijos están orgullosos de su trabajo, se asombran de los progresos que hacen sus padres; ellos se sienten felices de cómo se les valora. Todos cambian mucho porque se valoran más. La universidad les sirve para autoafirmar su valía».

Con estos datos en la mano, no estaría de más que todos nos aplicáramos el consejo que Adoración brinda a los que acuden a las aulas: «Cuando los alumnos me dicen la expresión "En mi época ocurría tal cosa", siempre les digo que su época es ahora, ahora es cuando tienen que vivir y tienen que hacer lo que siempre soñaron».

VOLVER A EMPEZAR

Ninguna noche es eterna.

W. SHAKESPEARE

Teresa Barrio y Paca Sauquillo tienen en común que son mujeres a quienes la vida ha puesto a prueba en numerosas ocasiones. Madres las dos, han pasado por el amargo trance de sobrevivir a sus hijos. Una situación para la que ningún ser humano está preparado, pero menos que nadie la mujer, por más que tenga la certeza de que nacemos para morir.

Valientes como son, Teresa y Paca han tenido que aprender a vivir con una ausencia que les parte el corazón. Hablar de sus seres queridos es una terapia para quienes, como ellas, sufren la pérdida de un hijo, para quienes, como ellas, tienen la obligación de seguir adelante, cueste lo que cueste. La vida es una continua carrera de obstáculos.

Era la 1.25 de la madrugada del 30 de enero de 1998 cuando un comando de ETA asesinó por la espalda, en plena calle, a Alberto Jiménez Becerril, de treinta y siete años de edad, concejal del PP en el Ayuntamiento de Sevilla, y a su esposa, Ascensión García Ortiz, de la misma edad, procuradora de profesión. Esa noche Alberto y

Asen —como la llamaban sus íntimos— abandonaron su domicilio a las 23.30 después de dejar durmiendo a sus tres hijos. Como todos los jueves, habían quedado con unos amigos y con su prima Lola para ir de tapas. El último sitio donde entraron fue en el bar Antigüedades de la calle Argote de Molina, a escasos metros de su casa y del hotel Doña María.

Antes de abandonar el local, el matrimonio se encontró con José Joaquín Gallardo, decano de los abogados de Sevilla, con el que estuvieron hablando durante unos minutos. Cómo iban ellos a imaginar que tres terroristas les habían seguido durante toda la noche. Cómo iban a imaginar que al salir del bar, justo en la esquina de su casa, dos pistoleros se les acercarían sigilosamente por la espalda y, sin mediar palabra, amparados por el silencio de la noche, le dispararían al concejal un tiro en el cuello, junto a la nuca, y otro a su mujer cuando ésta empezó a gritar «¡Policía, policía!». El parte médico calificó las heridas del matrimonio de «incompatibles con la vida». Nadie vio nada; ni siquiera sus amigos, que estaban a dos pasos de donde ocurrió el crimen, escucharon los gritos de auxilio de Asen antes de morir.

Los disparos, según informó después la policía, fueron realizados por la misma pistola. ¡Qué más da cuál fuera la trayectoria de las balas asesinas, ni qué cara tenían los terroristas! El daño estaba hecho, hasta el punto que, todavía hoy, las heridas siguen abiertas.

Tres meses después, el 21 de marzo de 1998, fueron

detenidos los autores del crimen. Se trataba de Mike Azurmendi, José Luis Martín Barrios y Maite Pedrosa, todos ellos pertenecientes al comando Andalucía de ETA. Mike Azurmendi, el jefe del comando, aseguraría después que dispararon contra Ascensión sin saber quién era, pero que lo hicieron porque pensaron que podría identificarles o alertar con sus gritos a posibles testigos.

Tres hijos dejó el matrimonio, dos niñas y un niño a los que ETA asestó un golpe que daría un vuelco total a sus vidas. Tres adolescentes, Ascensión, Alberto y Clara, de edades comprendidas entre los cuatro y los nueve años, que desde entonces viven con Teresa Barrios, su abuela paterna, que al igual que ellos, sintió cómo el mundo se hundía bajo sus pies cuando Carmen Vega, hija de Gitanillo de Triana, le dio la noticia del asesinato de su hijo y de su nuera.

De lo que ocurrió aquella madrugada Teresa no recuerda nada, sólo que gritaba, gritaba y gritaba, destrozada por el dolor y la pena. Nada más. Desde entonces ha perdido la alegría. Cuántas lágrimas habrá derramado desde aquella madrugada del mes de enero. Ni ella lo sabe, porque, pese al tiempo transcurrido, la herida sigue abierta y no hay manera de que cicatrice.

Dice Teresa que para ella no hay consuelo, sólo sus nietos y el recuerdo de los hijos asesinados. Viuda de Francisco Jiménez Becerril Avilés, nació en Madrid hasta que se enamoró y se casó en 1957. Poco después el matrimonio se trasladó a vivir a Sevilla, de donde era el marido.

En aquella época, Teresa era una mujer alegre, simpática, guapa, a quien gustaba mucho bailar, tanto que fue ésa la profesión que eligió hasta que la abandonó para casarse con el hombre de su vida. Desde entonces volcó toda su pasión, toda su ternura, en su familia, en sus tres hijos, Paco, Alberto y Teresa, y en su marido, que murió varios años antes que su hijo.

Dicen que a todos los hijos se les quiere de la misma manera. Es posible, pero de una cosa estoy segura: Alberto era el ojito derecho de Teresa. Era alto, moreno, había heredado de sus progenitores la simpatía y un don de gentes que le había aupado a la política activa y le había dado muchas satisfacciones. Prueba de lo bien que se llevaba con todos es la cantidad de gente que asistió a su entierro y al de Asen, su mujer. En el funeral estuvieron representantes de todos los partidos políticos, como no podía ser de otra manera. Cuarenta y cinco mil personas desfilaron por el Ayuntamiento de Sevilla para dejar constancia de su dolor. Un duelo multitudinario al que se sumaron gran cantidad de jóvenes que se echaron a la calle para protestar y pedir una respuesta firme contra el terrorismo.

El tiempo, que dicen que todo lo cura, no ha cicatrizado las heridas, porque la muerte de un hijo, carne de tu propia carne, es, según los psicólogos, el dolor más grande que puede sentir una mujer. La muerte de un hijo se considera en todas las culturas un hecho antinatural, una inversión del ciclo biológico, porque es, según cuentan quienes han pasado por este duro trance, «lo más parecido a la propia muerte», que se agrava si la pérdida se produce por sorpresa. Da igual la edad que tenga la madre, o su posición social: sobrevivir a los hijos es un contrasentido, una mutación de la naturaleza. En eso Teresa Barrio, la madre de Alberto Jiménez Becerril, no es una excepción: «Es algo tan tremendo... Sientes un impacto tan grande cuando te dicen que han muerto tus hijos, que no entiendes por qué pasan esas cosas. Yo, que rezo mucho, cuando alguien me dice que son cosas del destino, pregunto: "¿Dónde está escrito que mi hijo y mi nuera tuvieran que morir a los treinta y siete años?". Nunca le he pedido a Dios nada, nada material. Sólo para mis hijos, sólo pensaba en ellos, que no tuvieran un accidente de coche, que salieran bien de sus exámenes, cosas pequeñas. Pero ¿dónde estaba la Virgen de los Reyes la madrugada que les asesinaron, que no les echó una mano, dónde?».

No hay palabras de consuelo para una mujer a quien, el mismo día que enterraba a su hijo Alberto y a su nuera, le comunicaron que Marisol, su hermana pequeña, había muerto en un accidente de coche cuando volvía de Sevilla a Alicante. Es increíble cómo puede cambiar la vida de una persona en apenas unos segundos.

La mayor preocupación de la familia del concejal y de la procuradora en aquellos primeros momentos fue salvaguardar la intimidad de los hijos del matrimonio asesinado. Querían evitar a toda costa que se enterasen por la prensa o por algún compañero de colegio de lo que les había ocurrido a sus padres. El escritor Fernando Iwasaki, vecino de la pareja, y la tata fueron los encargados de sacarles de su casa apresuradamente, todavía dormidos. Cuando llegaron a la calle estaba llena de policías y periodistas. Ascensión, la mayor, de nueve años, viendo el revuelo de cámaras le preguntó a la tata: «¿Qué es lo que pasa ahí?». A la pobre mujer no se le ocurrió otra cosa que decirle que Ana Obregón estaba rodando una película.

Viendo que el coche no se dirigía al colegio, otro de los niños preguntó dónde estaban papá y mamá, a lo que les respondieron que «en un acto del partido». Cuando llegaron a la casa de la hermana de Asen, cerca de Carmona, les esperaban sus primas, que, por casualidad, tampoco ese día tenían colegio. Les dijeron que no pusieran la televisión porque se había estropeado.

Dos días después, los niños volvieron a preguntar por sus padres. En esta ocasión fue su tía Teresa la encargada de contarles lo ocurrido. Conteniendo la emoción y el dolor que le embargaba, les dijo que habían sufrido un atentado. «¿Y eso qué es?», quiso saber el mediano. «Un accidente.» La pequeña siguió jugando, mientras que Alberto, de seis años, se puso serio y guardó silencio.

Ascensión, la mayor, callaba, como hacen los niños cuando intuyen que algo grave está pasando. Decirles la verdad fue un trago amargo para su tía. Pero había que decírselo y lo hizo con suavidad, tratando de matizar el impacto de sus palabras. Claro que no hay palabras que mitiguen el dolor de unos niños ante un hecho de esa magnitud. Difícil es también mostrar una serenidad que no sientes, encontrar palabras de consuelo, palabras que no transmitan el odio y la rabia contenida que todos llevaban dentro.

Un año después de aquel terrible asesinato, conocí a Teresa en la inauguración de la tienda de Armani de la calle Ortega y Gasset, en Madrid. La acompañaba su hija Teresa, recién llegada de Turín, donde vive desde que se casó con Giorgio, un italiano, aunque viene con frecuencia a España para visitar a su madre y sus sobrinos, y estar unos días con ellos. A Teresa le gusta mucho escribir y de vez en cuando publica artículos en algún periódico. Artículos sobre la tragedia que vivió su familia, su hermano, su cuñada, sobre el dolor que causa el terrorismo etarra. No quiere que la gente olvide que en la madrugada del 30 de enero de 1998 dos asesinos mataron a su hermano y a su cuñada. Dos inocentes más en la larga lista de personas que han caído víctimas de la intolerancia de unos pocos.

Nos conocimos sin que nadie nos presentara. De inmediato surgió entre nosotras una corriente de simpatía que con el tiempo se ha transformado en una amistad sincera. No nos vemos a menudo, pero sí hablamos por teléfono. Es como si nos conociéramos de toda la vida. A veces le digo cuánto me hubiera gustado conocer a su hijo Alberto, porque estoy segura de que habríamos congeniado.

Duele comprobar el sufrimiento de una mujer a la que dos criminales destrozaron la vida cuando todo le sonreía, a una edad en que la mayoría de las mujeres empiezan a recoger los frutos que han sembrado. Teresa tiene ahora setenta años.

Tras la muerte de su hijo, cerró la tienda de modas que tenía en el barrio de Los Remedios de Sevilla. Quería dedicarse en cuerpo y alma a la educación de sus tres nietos, que desde entonces viven con ella: «La diferencia entre la forma de educar a los hijos y a los nietos es que los hijos llegan cuando estás en la flor de la vida, y los nietos cuando estás en el ocaso. Ahora no hago otra cosa que estar con mis nietos, que luchar para que tengan una vida lo más tranquila posible. Cuando me dijeron que mi hijo había sido asesinado no quise que me tratara ningún psicólogo, quería salir adelante por mis propios medios. No sé si lo conseguiré alguna vez, porque vivo para mis nietos y para el recuerdo de mi hijo. Este curso Ascensión se ha ido a estudiar a Turín. Vivirá en casa de mi hija Teresa, que la quiere mucho. Tiene trece años, está en una edad difícil y necesita vivir con una persona que tenga un espíritu joven, que comprenda cosas que yo, por mi edad, no sabría cómo explicarle. Teresa tiene una hija, Almudena, que es una niña preciosa, especial, con la que Ascensión se lleva muy bien. ¡Ha cambiado todo tanto! Alberto, el segundo, que ha cumplido once años, se parece físicamente a su madre, que era muy guapa, pero tiene el mismo carácter que mi Alberto. Clara es la más tímida e introvertida de los tres. Tiene nueve años y es preciosa. Qué sería de mi vida sin ellos... Como no conduzco, a los niños los lleva al colegio María, la mujer de Emilio Muñoz, el torero, que es vecina y muy amiga mía».

La muerte de Alberto y de su nuera le han arrancado de cuajo cualquier ilusión de futuro. No hay un día en que no se acuerde de su hijo, por eso cuando le dijeron que los nietos vivirían con ella, no lo pensó dos veces. Eran hijos de sus hijos, sangre de su propia sangre. Por ellos lucha y por ellos sonríe aun cuando no tiene ganas más que de llorar. En un artículo que su hija Teresa publicó en *ABC* con motivo del cuarto aniversario de la muerte de su hermano y de su cuñada, decía: «Cuando miro la cara de mi madre, para mí todos los días son 30 de enero».

Víctima de la insolidaridad

Al igual que Teresa Barrio, Paca Sauquillo sabe bien lo que es volver a empezar, no un día, sino todos los días de su vida desde hace veinticinco años. Levantarse todas las mañanas, comenzar la jornada es para ella un esfuerzo sobrehumano que realiza porque es algo que debe a su hijo y porque de alguna manera mitiga el dolor que siente desde que murió primero su hermano y después su hijo Javier, ambos en circunstancias muy dolorosas. Un dolor con el que se ha acostumbrado a vivir porque se ha hecho el firme propósito de seguir luchando por su madre, por su marido y por Jacobo, el segundo de sus hijos: «Cuando muere un padre o un hermano, el tiempo ayuda a encajar la desgracia, pero cuando muere un hijo es distinto, el tiempo es tu enemigo, te aleja de él, de sus recuerdos, y quieres que se pare. ¿Qué será de mi vida ahora?», se preguntaba Paca dos años después de la muerte de su hijo.

A Paca la ha ayudado la labor que realiza como diputada en el Parlamento Europeo, y sus viajes constantes a zonas de mucho riesgo como Bosnia, Afganistán, Perú, el Sahara, Marruecos o Irán. Aunque el dolor sigue latente en su corazón, ha logrado al menos tirar para adelante: «A partir de un momento determinado, que en mi caso comienza a los cincuenta, empiezas a reflexionar. Ahora quiero dedicarle más tiempo a mi vida personal. He sentado las bases para disfrutar más. Los recuerdos son parte de la vida. En mi caso, tengo un recuerdo muy agradable de mi hijo muerto. Hay que acostumbrarse a vivir con los recuerdos: es muy agradable recordar cómo era Javier, cómo disfrutaba, y también lo mal que lo has pasado. Ahora reflexiono más sobre mi propia vida y lo que me rodea, y pienso que aporto más a los demás. Es una etapa muy rica, a pesar de que, como en mi caso, te hayan pasado acontecimientos muy tristes».

Política de raza, Paca ha dedicado su vida entera (tanto en los barrios de Madrid como en el Congreso de los Diputados y en el Parlamento Europeo) a ayudar a los más necesitados, a las mujeres y a los niños. Una labor humanitaria que le ha obligado a trabajar codo con codo con mujeres de todos los países, porque la miseria y el dolor nada sabe de banderas, ni de fronteras, sino que es universal. Ella lo sabe, por eso viaja una y otra vez allí donde la intransigencia y la insolidaridad son constantes, tratando de paliar el sufrimiento de los más desfavorecidos del sistema. Quizá porque toda su vida se la ha pasado consolando a los demás le resulta tan difícil encontrar palabras que suavicen su dolor de madre y mujer herida.

Licenciada en Derecho, Paca se especializó en derecho laboral y asuntos familiares. Fue defensora en el Juicio 1001, y en todos aquellos procesos militares que se llevaron a cabo en los últimos años de la dictadura. Muy comprometida en lo político y en lo social, fundó con su marido, Jacobo Echeverría, el Movimiento por la Paz, el Desarme y la Libertad.

Fue una época difícil para quienes estaban en primera línea de fuego, intentando instaurar la democracia en nuestro país. Prueba de ello es el asesinato de su hermano Javier una noche de «cuchillos largos» que se saldó con la muerte de varios compañeros de despacho y que narra en su libro *Mirada de mujer* (Ediciones B) con enorme sensibilidad y sin regodearse en detalles morbosos: «Era el lunes 24 de enero de 1977 cuando un grupo de pistoleros ultraderechistas entraron en el despacho de abogados y dispararon sin piedad sobre quienes allí estaban. Iban buscando sangre y salieron borrachos de ella, dejando un enjambre de corazones muertos. Las víctimas fueron trasladadas al hospital Primero de Octubre, de Madrid. Mi hermano Javier falleció en la madrugada, y mi cuñada

Lola, así como Alejandro Ruiz-Huerta, Miguel Sarabia y Luis Ramos, lograron salvar la vida. Mi cuñada permaneció mucho tiempo en el hospital: la bala que le habían destinado sorteó milagrosamente su garganta. La vida de Alejandro Ruiz-Huerta pudo salvarse porque su bala se incrustó en un bolígrafo».

Ese año de 1977, Paca tenía el pelo negro, negrísimo, salteado con unas cuantas canas que empezaban a despuntar. Después del asesinato de su hermano se le volvió completamente blanco. La muerte de Javier fue para Paca el acicate para seguir luchando por la paz y la concordia. Como bien dice el refrán popular: «Dios aprieta pero no ahoga». Meses después de morir su hermano, Paca tendría a su primer hijo, al que puso de nombre Javier, en recuerdo del hermano muerto. Tres años después nació Jacobo, su segundo hijo. Los dos muchachos han sido educados en el respeto al prójimo y en la solidaridad con los que menos tienen.

Veinte años después de aquel terrible suceso que conmocionó a la sociedad española y cambió el rumbo de la historia reciente de nuestro país, el 6 de abril de 1998, año en el que se iba a conmemorar el vigésimo aniversario de la Constitución, la tragedia vuelve a llamar a la puerta de Paca y de Jacobo. Su hijo Javier, que durante un tiempo estuvo hospitalizado porque padecía anorexia, llegó a la estación del metro de Lista, en pleno barrio de Salamanca de Madrid, tambaleándose. En cuestión de segundos pasó de encontrarse indispuesto a caer al suelo en un estado de semiinconsciencia. Incomprensiblemente, nadie se acercó para auxiliarlo o para preguntarle simplemente qué le pasaba. Le abandonaron hasta que dos vigilantes jurados del metro se acercaron al lugar donde estaba tendido el muchacho para ver qué le ocurría. Creyendo que se trata de un drogadicto, deciden de mutuo acuerdo llamar a la central de seguridad para pedirle al jefe de sala que envíe una ambulancia, porque «el estado del joven es lamentable». Lejos de atender la petición de los vigilantes, el jefe les aconseja que desalojen al muchacho y lo dejen tirado en la calle, porque: «no somos los padres de nadie, ni tampoco hermanitas de la caridad».

Una orden que los dos guardas jurados cumplieron al pie de la letra: sin la menor compasión, sacaron a Javier del metro y lo abandonaron en la calle, a la intemperie. Así permaneció hasta que a la 1.30 de la madrugada fue recogido por una ambulancia del SAMUR que le trasladó al Hospital de la Princesa, donde falleció horas después, a los diecinueve años de edad.

En el juicio, el fiscal argumentó que el fallecido «no era un drogadicto, un borracho o un enfermo de sida, sino un enfermo de anorexia que sufrió un shock, y que con un poco más de humanidad y conciencia se hubiera salvado». Lo cierto es que, tal y como dijo la abogada, «los vigilantes recibieron instrucciones de continuar con su ruta, dejando a Javier tirado en el suelo, en la calle, en una noche fría y lluviosa». Según el forense, «si se le hubiese atendido antes, hubieran aumentado las posibilidades de sacarle adelante, pero el chico llegó al hospital en estado agónico, en un coma muy grave debido a una bajada de glucemia».

Es vergonzosa la indiferencia de la gente que pasó junto a Javier y no se interesó por lo que le pasaba. Es vergonzoso que dos hombretones dejasen morir a un joven de diecinueve años sólo porque su ropa no era de marca y tenía un aspecto desaliñado. Es vergonzoso que el hijo de Paca Sauquillo y Jacobo Echeverría muriese «víctima de la insolidaridad», como bien recalcó en el juicio la abogada Ana Ruiz Tagle. Pero más vergonzoso es que ninguna de las personas que pasaron junto a Javier aquella noche se tomase la molestia de llamar a un médico o de pedir socorro.

Uno de los acusados, José M. N., una vez que se inició el procedimiento penal y por iniciativa propia, se puso en contacto con la familia del fallecido y aportó datos que facilitaron la investigación de los hechos acaecidos la noche del 6 al 7 de abril de 1998. El dinero de la indemnización lo donó la familia a una ONG. Calificaron la sentencia como «muy positiva, porque el tribunal popular supo entender perfectamente las circunstancias particulares del caso».

Cuatro años después, Paca sigue apoyándose en la política, en su marido, en su hijo, en la familia, en la religión y en el trabajo para superar las pruebas a las que la ha sometido la vida. Sólo que, al igual que Teresa y tantas otras madres que han perdido a sus hijos, el dolor sigue ahí dentro, comprensiblemente vivo, sólo amortiguado por el cariño de los suyos.

No hay regla que determine cuánto tiempo dura el dolor de una madre cuando pierde a un hijo, ni a qué edad es más fácil superar esa durísima prueba. Dicen los psicólogos que es la propia desesperación la que te obliga a salir adelante, la que hace posible que un día despiertes y te des cuenta de que tienes que volver a empezar.

ESCRIBIR CON RENGLONES TORCIDOS

> No acabaremos con los malos tratos solo con el código penal.
>
> MICAELA NAVARRO

El precio que muchas mujeres pagan por obtener su libertad y su independencia es tan alto que la violencia de género se ha convertido en una lacra social, sin distinción de edades. Setenta mujeres murieron en el año 2002 a manos de sus maridos, de sus compañeros sentimentales, o de sus novios, según las diferentes asociaciones de mujeres que luchan por erradicar este mal. Curiosamente, el Ministerio del Interior sólo reconoce cuarenta y ocho de esos asesinatos. Un número que se dispara si hablamos de malos tratos, ya que 17.000 mujeres denunciaron ese hecho en el seno de su propia familia. Estas cifras no tienen en cuenta otro problema que de contabilizarse arrojaría realidades sorprendentes.

Me estoy refiriendo al maltrato psíquico, que es, según los especialistas, la antesala de los golpes. Les diferencia lo difícil que es demostrar que tu pareja te humilla, mina tu autoestima, te insulta y te manipula. Métodos todos ellos que rayan la perversidad, como bien demuestra el testimonio de dos mujeres a las que su relación de pareja les está matando lentamente, sin necesidad de golpes y sin que ninguna de ellas pueda hacer nada por evitarlo.

Según una macroencuesta realizada por el Instituto de la Mujer y publicada en diciembre de 2002, el 4 por ciento de las mujeres de nuestro país confiesan haber sido maltratadas. Sin embargo, los expertos consideran que el 11 por ciento de las españolas sufren «maltrato técnico», es decir, aunque ellas no se consideran a sí mismas como maltratadas, responden que son víctimas de ciertos comportamientos considerados como indicativos de cierto grado de violencia. El grupo de edad en el que se está dando un mayor número de casos en ambas categorías es el que va de los cuarenta y cinco a los sesenta y cuatro años.

Y es que tanto las que son agredidas físicamente como las que lo son psicológicamente tienen un problema en común: se han enamorado de hombres que no las merecen, que no las respetan, que no las quieren. Porque si hay un mito que debamos destruir es el de que la persona que te maltrata lo hace porque te quiere demasiado. No es verdad. El amor es otra cosa. El amor es respeto, cariño, hacer feliz a la otra parte. Con este tema no valen engaños ni paños calientes, porque el tiempo se encarga de demostrar que cuando un hombre —o una mujer, que, aunque en menor medida, también las hay maltratadoras— arremete de palabra o de obra contra su pareja es sencillamente porque busca en ella la posesión absoluta. También los celos son una enfermedad que padecen quienes se sienten inseguros, de ahí lo importante que es no dejarse arrastrar por relaciones que no aportan más que sufrimiento. Los datos contradicen lo que el sentido común dicta. Según el estudio del Instituto de la Mujer al que hacíamos alusión, un 71 por ciento de las mujeres que sufren maltrato técnico y un 67 por ciento de las que lo manifiestan llevan sufriendo esa situación desde hace más de seis años y, por supuesto, todas viven con sus verdugos.

Es más fácil para una mujer joven denunciar malos tratos que para una mujer que ha dedicado toda su vida al marido y a los hijos. Sobre todo a una edad en la que la soledad es un miedo añadido y en la que la indefensión económica les impide echar por tierra todo lo que ha sido su vida. Las historias de esas mujeres maduras y maltratadas empezaron, normalmente, en la juventud, como es el caso de María Elena y Marta, que, aun perteneciendo a mundos y culturas diferentes, son muchas más las cosas que las unen que las que las separan. Su relato de los hechos pone al descubierto el infierno en que viven muchas mujeres que, como ellas, no se atreven a denunciar a sus verdugos, a dar la cara, a poner su caso en manos de la justicia, de la policía, de los psicólogos. El miedo las ha paralizado, las ha despojado poco a poco de la dignidad que tenían. Su drama, como el de tantas otras, es no saber qué hacer para salir de esa espiral en la que viven.

«Hace tres años, Rosa, yo tenía treinta y cinco, era licenciada en filología y profesora. Estaba casada felizmente, era madre de una niña, tenía buen sueldo, buen cargo, una vivienda, amigos, y una buena relación familiar. Ahora, tengo treinta y ocho años, estoy en paro, sin patrimonio, me mantiene mi madre, y lo peor, sin un sueño vivo. Todo lo anterior ha quedado borrado de mi vida, todas las puertas cerradas, sin amigos, luchando por la custodia de mi hija, y separada judicialmente. Todo gracias a que apareció "El manipulador", escogió su víctima —que soy yo—, acabó con todo lo que me rodea y me dejó sin dinero. Él tiene actualmente treinta y nueve años, 1,85 de estatura, ojos negros, sensual, con muchas tablas y una máxima en su vida: "Quien quiera seguirme que me siga, soy como soy. Hago lo que quiero con mi vida, cuando quiero y como quiero".

»Estoy absolutamente dispersa, destrozada porque he caído en sus manos, tanto que de vez en cuando se me pasa por la cabeza la idea del suicidio, ya que no puedo contar con ayuda psicológica, porque soy según dice él "un renglón torcido de Dios". Me ha privado del derecho de tener móvil y asistencia médica. El daño psicológico, ruptura de esquemas, falta total de autoestima, independencia nula, reproches, culpabilidades, miedos y temores. Dependo, Rosa, de "un manipulador" que se ha cargado mi interior, que, ahora, gracias a él es negro, muy negro. Lo sé y nada puedo hacer por evitarlo porque me amenaza, me sigue, me graba y atormenta. Tengo cultura, aunque ahora, gracias a él, no tengo independencia económica porque literalmente se "comió" mi poco dinero.

»No quisiera transmitirte a ti ni a nadie mi inseguridad, sólo explicar mi angustia desde hace tres años y tres meses. Simplemente te expongo lo que antes era y lo que soy ahora. Mi manipulador es negativo, reprocha, manipula, usa, me impide trabajar y, si lo consigo, se encarga de que pierda el trabajo. Me ha anulado, separado de la familia y enfrentado a los míos. Amenaza a todos, no hay nunca pruebas contra él, pero él sí graba mis conversaciones y me sigue, me mete miedo, es celoso sin motivo, me prohíbe tener móvil, besar a mi hija, hace lo que sea para que dependa de él. Hemos roto miles y miles de veces, y cuando he empezado a estabilizarme aparece, me vuelve a hundir. Siempre me encuentra, no puedo huir, y hasta para huir cuando no tienes nada tienes que ser muy valiente.

»Hace poco empezaron los malos tratos, esta vez físicos; aun así, son mejores que los psicológicos. Dice que soy como todas las mujeres: una puta. Ahora, Rosa, he vuelto a huir, pero me encontrará, porque antes de que amenace a mi hija o a mi ex marido, volveré con él.

»No estoy casada con mi "manipulador", y tengo cultura; entonces, ¿qué me une a él? No lo sé. He conseguido volver a leer, volver a escribir, es mi terapia, puede que un día vaya a la peluquería, puede que un día vuelva a tomar un café en una terraza, pero aún sigo pensado lo que él dice de mí: soy una mierda».

Encadenada

Marta nació en un pueblo del noreste español, tiene cuarenta y nueve años, lleva diecisiete años casada, tiene un hijo de diecisiete y una vida «extrañamente vacía» que le condujo a una depresión, a aislarse de la gente, provocándole miedos dolorosos. Para salir de esa situación, Marta lucha obligándose «a salir». Le ayuda su médico de familia, una doctora joven y vital que es la única que logra que recupere la fuerza que necesita para liberarse aunque sólo sea por unas horas de la situación que vive y que describe de esta manera: «Soy muy consciente, desde los primeros síntomas, qué provocó esta depresión: ¡los problemas matrimoniales!, la individualidad de mi esposo, su autosuficiencia, su egocentrismo y los montones de «ismos» que le rodean y que son una losa demasiado pesada, un muro cada día más alto. Su «muro». No es que no me deje acercarme a él, es peor, nos aleja al hijo y a mí de su vida dejándonos en un segundo plano. Una frase define su actitud: "Yo trabajo, gano dinero y lo llevo a casa, ¡quien no esté a gusto, sabe dónde tiene la puerta! No hay agresiones físicas, no hay problemas de alcoholismo, no hay infidelidades... no hay relaciones sexuales entre nosotros desde hace cinco años... La depresión viene del estado de ánimo que esta situación me provoca, ¡no de la falta de amor!, ¡no de la falta de "su amor"! Mucha gente me dice que la situación está muy clara, pero tengo que ser realista. No tengo estudios, ni oficio, los trabajos que encuentro no mantendrían las necesidades básicas que, hoy por hoy, mi hijo y yo necesitamos.

»Somos, como muchas familias españolas, gente sencilla. Separarme hundiría a mi esposo (su sueldo mensual es de setecientos u ochocientos euros), mi hijo recibiría una pensión escasa, y yo... no sé si tendría derecho a algo. En definitiva, tres vidas destrozadas. Así se lo he dicho a mi marido.

»Para él, mi actitud son bobadas de "niña grande". No quiere ver la magnitud del problema y su único alegato es: "¿qué vas a hacer sin mí? Estamos condenados a vivir juntos toda la vida". Durante muchos años, casi seis, así me lo hizo creer. El que yo haya "crecido como persona" no ha hecho más que empeorar esta vida irreal, dejándome la sensación de que no encuentro "la salida". Quisiera acudir a un psicólogo, pero pienso: se cuál es mi problema, se cuál es la solución (separarme), pero mi sentido de la responsabilidad hacia mi hijo me impide pensar en mí misma.

»Mi hijo es tan positivo como yo (de eso me he ocupado muy especialmente) y ambos sacamos partido a las pequeñas cosas de la vida: pasear un domingo, irnos a la playa, al cine, a la montaña... Nuestra vida transcurre independientemente de la de su padre. Para él es un hombre que vive en casa. Mucha gente piensa al vernos que es hijo de soltera o de separada. A veces me dice que, si no tiene padre, se alegra de tener "una doble madre".

»Quiero dejar muy claro que no me agarro al chico,

sustituyendo mis carencias porque no sería justo. Mi mayor satisfacción es verle capaz, autosuficiente y deseoso no sólo de vivir, sino de sentirse vivo. Me duele, en definitiva, que me siento capaz de amar la vida, de vivirla pese a los miedos, a las dudas, y asumo mi derecho a ello. No soy capaz en cambio de alcanzar "ese punto" en que se debe tomar otro camino; son tantas las preguntas que me hago y que sólo me provocan más desorden... No deseo imprimir a mis palabras "un grito de auxilio", no estoy desesperada, prefiero pensar que lo que me ocurre es un alto en el camino al que no sé cómo enfrentarme».

La confesión de estas dos mujeres —que se amparan en el anonimato para seguir viviendo aunque sí quieren denunciar el infierno en que se ha convertido su vida— pone de manifiesto dos cosas: una, que algunos hombres siguen considerando a la mujer un objeto de su propiedad que no quieren perder salvo que sean ellos los que cogen la puerta, se van y no vuelven. Dos, es difícil dibujar un perfil de los maltratadores porque se dan en todos los estratos sociales, en todas las edades, en todas las culturas. De ahí que muchas mujeres confundan el amor con el sentido de la propiedad, la humillación y los celos. Hay hombres que se permiten hacer con las mujeres lo que nunca harían con otro hombre.

Una enfermedad que tiene su origen en una educación basada en la supremacía del hombre sobre la mujer, en la dependencia económica de ésta y en un lenguaje repleto de términos machistas y discriminatorios.

Así, cuando dicen que «se ha quedado para vestir santos» sabemos que se están refiriendo a una mujer; por el contrario, cuando claman: «¡Eres cojonudo!», no hay duda que hablan de un hombre. Males todos ellos que están muy arraigados en los países latinos, de ahí la dificultad para solucionar un problema que Luis Rojas Marcos define en su libro *Las semillas de la violencia* como «agresión maligna».

Porque agresión comete quien, sabiendo el horror en el que vive su hija, su nuera o su propia madre, no lo denuncian de inmediato. Peor aún: les dicen que es mejor aguantar. Agresión es también la del policía que cuando una mujer acude a la comisaría a denunciar los golpes de la noche anterior se ríe de ella porque piensa que algo malo habrá hecho para merecer tan severo castigo. Agresión es la de esos jueces que dictan sentencias que tienen que ver más con el pasado que con el actual ordenamiento jurídico. Aunque bien es cierto que quienes amparan con sentencias incomprensibles a los maltratadores y no a sus víctimas son una minoría, pero una minoría que hace mucho daño a todo el colectivo de jueces. De la justicia se espera una mayor sensibilidad hacia un problema que se ha cobrado miles de víctimas inocentes, y no un castigo añadido. Sirvan como ejemplo algunas sentencias que escandalizaron a la opinión pública:

1. El Tribunal Supremo anuló una sentencia del Tribunal Superior de Justicia de Cataluña que declaró que no existió ensañamiento en el caso de un hombre que ases-

tó setenta puñaladas a una mujer en diversas partes del cuerpo hasta provocarle la muerte. Los magistrados entendieron que en ese caso se produjo una «ira homicida» del acusado para acabar con la víctima cuanto antes, pero que no existió «voluntad de hacer sufrir a la víctima», pese a que se señalaba que las setenta puñaladas se propinaron con «brutalidad», que afectaron a órganos vitales, y que las veintitrés últimas se produjeron cuando la víctima estaba semiinconsciente o agonizando.

2. «La violación no es delito si la mujer lleva pantalones vaqueros, porque no es fácil desprenderse de una prenda ajustada, sin la colaboración explícita de una mujer», así constaba en una sentencia que el Tribunal Supremo de Justicia italiano hizo para escándalo de una sociedad que contempla con estupor este tipo de sentencias. Por su parte, el Tribunal de Apelación de Nápoles confirmó el veredicto anterior y puso en libertad incondicional al autor de los hechos, un profesor de autoescuela de cuarenta y cinco años de edad, porque, y aquí viene lo mejor, «usó preservativo».

Es evidente que son casos aislados que no reflejan la manera de pensar de la mayoría de los jueces de nuestro país, un 66 por ciento de los cuales son mujeres, pero también es evidente que las leyes no protegen lo suficiente a las víctimas: «Existe —según Margarita Robles— una doble conciencia en la sociedad respecto a los malos tratos. Se tiende a pensar que lo que pasa en el marco familiar es un asunto interno, y solamente cuando culmina en asesinato es cuando nos rasgamos las vestiduras. Habría que preocuparse al principio, cuando comienzan los malos tratos. Ahí es donde se plantea el problema en toda su complejidad».[1]

Legislar y ayudar a salir de esa espiral de violencia en la que viven las mujeres maltratadas, facilitándoles medios económicos, casas donde poder esconderse y trabajos con los que poder subsistir para que recobren la autoestima que les han robado, son medidas que urge promover si queremos paliar la violencia doméstica.

No sé si la fórmula de José Bono, presidente de Castilla-La Mancha, de hacer públicos los nombres de los maltratadores es la mejor, teniendo en cuenta que hay gente a la que gusta tomarse la justicia por su mano. De una cosa sí estoy segura: algo hay que hacer para evitar que se siga produciendo esta sangría humana, que se ha cobrado en el año 2002 muchísimas más víctimas que el terrorismo de ETA. Propongo que de igual manera que hay una Fundación de Víctimas del Terrorismo, debería haber una de Víctimas de la Violencia Doméstica.

En algunas ciudades se han comenzado a impartir programas de reinserción para hombres que maltratan a sus mujeres, porque «reconocer sus orígenes constituye el primer paso para saber lo que les está pasando. A menudo son el resultado de lo que han mamado», asegura el psicólogo Antoni Vives.[2]

1. *Mujer de Hoy*, 20 de noviembre de 1999.
2. *El País*, 7 de diciembre de 1999.

La realidad desmiente el tópico según el cual los más violentos son los hombres provenientes de estratos sociales inferiores, ya que, según un informe de la Federación de Mujeres Progresistas, «los hombres que asesinan a sus mujeres lo hacen por un sentido de la propiedad y de la hombría mal entendidos. En ningún caso están locos, ni las matan porque estén deprimidos o bebidos, sino porque quieren someterlas. Lo que demuestra el que no maten ni maltraten a otras personas, como sus amigos o sus superiores. Ellos seleccionan a quién dominar».

Tolerancia cero

Pese a las dificultades que entraña acabar con un problema tan enraizado y complejo, puesto que se produce en la intimidad del hogar y pocas veces trasciende, resulta aleccionador que la Comisión Mixta de los Derechos de la Mujer haya elaborado un compendio de medidas cuyo objetivo es abordar las diferentes vertientes del problema, en las que se incluyen reformas legislativas que permitirán una respuesta más rápida y eficaz ante los malos tratos. Un fenómeno que los representantes de los grupos parlamentarios han calificado de «atentado contra la paz y la democracia».

El hecho de que la propia amenaza pueda considerarse un delito supone, sin duda alguna, un gran avance, ya que las denuncias policiales son, en la mayoría de los casos, incompletas, pues se limitan a recoger de forma somera la agresión, sin describir detalles de los hechos y sus circunstancias. Tampoco se tramitan procedimientos por lesiones psíquicas, cuando, según un estudio realizado por las mujeres juristas de Themis, titulado *Respuesta penal a la violencia familiar*, es evidente que las víctimas las padecen: «No se practican diligencias del médico forense sobre las secuelas psíquicas. En un 56 por ciento de los casos, las víctimas desisten de las denuncias interpuestas, pues no comparecen a juicio, o perdonan al agresor en dicho acto. Esto ocurre porque no existen mecanismos judiciales para el apoyo y protección de las víctimas».

En el informe *La erradicación de la violencia doméstica*, elaborado por la Comisión Mixta y que ha obtenido la aprobación de todos los grupos parlamentarios, se pide que el código penal ampare como víctimas a otros integrantes de la familia, como hermanos y abuelos, así como que el delito de violencia psíquica comprenda trato degradante, amenazas e injurias, insultos, privaciones de libertad, humillaciones, vejaciones, daños de autoestima y temor fundado. En lo referente a la protección de los hijos, exige que se endurezca el régimen de visitas, la patria potestad y el pago de pensiones alimenticias.

Implantar juicios rápidos con el fin de que se aceleren los procesos penales y se garantice la inmediatez entre la fase instructora y el enjuiciamiento es otra de las medidas que recomiendan los parlamentarios, así como la realización preceptiva de dictámenes de los médicos forenses en todos los casos de agresión física o malos tratos, sobre todo en los daños psíquicos padecidos por la víctima.

El informe solicita que se mejore la eficacia de la medida cautelar de alejamiento para una mayor protección de la víctima. Asimismo, piden que, cuando se produzca una denuncia, al agresor se le retire inmediatamente la licencia de armas, se le cite en el juzgado y un médico forense valore su peligrosidad, así como que se agilice la inmediata separación del presunto agresor del domicilio familiar.

A su vez, la Comisión solicita que se refuercen los turnos de oficio especializados en violencia doméstica; que los servicios de atención a la mujer cuenten con la presencia de, al menos, una mujer policía; y que se incluya la formación de género en la formación de estos profesionales, así como un protocolo único que coordine los diagnósticos del personal médico de urgencia, de asistencia primaria y especialistas, personal de enfermería y trabajadores sociales.

Se solicita en el informe que las casas de acogida dispensen tratamientos integrales (asistencia psicológica, jurídica y de inserción sociolaboral) y medidas para el autoempleo y contratación de víctimas de malos tratos mediante el reconocimiento de estas mujeres como colectivo beneficiario. E insta a que se garantice el derecho preferente de las víctimas para la adjudicación de viviendas de protección pública y en planes de empleo.

En esta lucha contra la violencia doméstica no podían quedar fuera los medios de comunicación y la publicidad: hay que evitar a toda costa que se hagan espectáculos de un drama que afecta a tanta gente inocente, pues víctimas son también los familiares, los hijos, los padres, los hermanos e incluso los amigos de la maltratada o del maltratador.

Ya sabemos que el «todo vale» incluye a las maltratadas —algunas de las cuales han encontrado la muerte después de aparecer en televisión—, de ahí la necesidad de un gran pacto entre los responsables mediáticos para evitar que se conviertan en «muñequitas» de feria. Lo que de ninguna manera quiere decir un pacto de silencio. Sería interesante —y en esto sí hace especial hincapié el documento elaborado por la Comisión Mixta— que se redactara un código ético para regular el tratamiento en los medios de la violencia doméstica, un código que sería de obligado cumplimiento.

En cuanto a la publicidad, sería conveniente que no mostrase a la mujer como víctima, ya que lo que la maltratada necesita es apoyo y comprensión, no compasión. En las últimas campañas del Instituto de la Mujer se ha optado por un tono más amable y optimista. Ojalá dé el resultado que se espera y que consiste en animar a las mujeres que sufren malos tratos a denunciarlos, que es en definitiva lo más eficaz, siempre y cuando la denuncia vaya acompañada de otras medidas.

Finalmente, el estudio recomienda que la educación

en las escuelas contemple la transmisión de valores como la tolerancia y la igualdad entre los géneros.

El maltrato a las mujeres ha calado tan hondo que son muchas las que se han agrupado en torno a la Plataforma de Mujeres Artistas contra la Violencia de Género, con el fin de defender los derechos de la mujer y decir: «¡Basta ya!». La idea de fundar dicha Plataforma surgió cuando se supo del asesinato de Ana Orantes, a quien su marido había atado a una silla, rociado con gasolina y prendido fuego como una antorcha. Un crimen espeluznante que no podía quedar sin respuesta.

Cristina del Valle, que es una de las más activistas del grupo porque sufrió en la piel de su propia madre la tragedia del maltrato, fue una de las que decidió canalizar su fama para defender «el derecho que tienen todas las mujeres a vivir en paz, sin violencia y con dignidad».

LA MUJER QUE YO QUIERO

Las arrugas son las medallas de la vida.

Antonio Banderas

La belleza es, junto con la juventud, el talón de Aquiles de las mujeres y el único valor que permanece inalterable desde el principio de los tiempos hasta nuestros días. Conseguir la perfección ha sido, es y será el ideal de todas nosotras desde que nacemos hasta que morimos, sobre todo teniendo en cuenta el bombardeo publicitario al que nos someten permanentemente y que nos impide superar con éxito la conciencia de la edad. Así pues, mientras los hombres aceptan el paso del tiempo como algo natural, potenciando valores como el poder económico, la inteligencia o la simpatía, las mujeres seguimos sin aprobar una asignatura que nos permita sentirnos cómodas siendo como somos y no como nos gustaría ser. Lo más sorprendente es que son precisamente las que lucharon por conseguir los mismos derechos que los hombres, las que lucharon por tener una mayor independencia económica, formación, y personalidad propia, las que hoy se sienten enredadas en una trampa de la que no saben cómo salir.

No se trata de cantar las excelencias del michelín o de la arruga (aunque ¿por qué no?), sino de evitar seguirles el juego a quienes nos dicen cuánto debemos pesar, cómo tenemos que vestir y de qué manera maquillarnos. Porque ¿quién impone los cánones de belleza femeninos? ¿Los hombres? ¿Las mujeres? ¿Quién? Sin duda alguna, los hombres, por aquello de que somos lo que quieren que seamos y no lo que nos gustaría ser. De ahí lo importante que sería que nos decidiéramos de una vez por todas a romper moldes, a elaborar nuestras propias normas de belleza, de moda, porque de lo contrario jamás nos liberaremos de la angustia que produce no pertenecer a ese reducido grupo de las mujeres diez.

Isabella Rosellini, que durante catorce años fue el icono de la casa Lancôme, sabe bien de qué habla cuando dice que está «arrepentida de haber pasado tanto tiempo animando a las mujeres a permanecer jóvenes», entre otras razones porque «el mercado de la cosmética se alimenta de todos nuestros complejos. Cuando trabajaba en Lancôme me decían que una modelo de entre veintiocho y treinta y dos años era la mejor porque no era demasiado mayor para las jovencitas ni tampoco demasiado joven para las mujeres de cuarenta o cincuenta años».

Un mandamiento que los representantes de la firma hicieron añicos el día que tras cumplir cuarenta y cuatro años pusieron a la actriz de patitas en la calle por considerar que ya era mayor.

Inteligente como es, de esa experiencia Isabella Rossellini ha aprendido que la mejor terapia es reconocer que está envejeciendo y que nada puede hacer por alterar el ritmo biológico de la naturaleza: «La belleza es una maldición. Y a mí sólo me ha causado dolor, pero la culpa la tiene una sociedad que valora más el físico que la inteligencia».

Hace años que Isabella no esconde sus imperfecciones ni el paso del tiempo, porque, como bien dice: «El tema de la edad no me preocupa demasiado. Para mí envejecer no es ningún problema, salvo que ahora me canso más rápido que antes. La madurez me tranquiliza. Para mantenerme en forma practico todos los días una hora de yoga, hago gimnasia, no fumo, no bebo, y no tengo intención de someterme a la cirugía estética. Y, lo más importante, cuando me miro al espejo no me doy miedo».

Si he traído a estas páginas la opinión de una mujer como Isabella Rosellini es porque ni siquiera ella, que, estarán de acuerdo conmigo, es una belleza, se ha salvado de unas leyes implacables que se aplican contra las mujeres, contra todas las mujeres, pero de forma especial contra aquellas que han alcanzado el éxito profesional. Algo que no se hace con los hombres, porque es sabido que cuando un hombre cumple años gana en experiencia, en *savoir faire*, en poderío y en tantas otras cosas que hacen prácticamente imposible que no caigas rendida en sus brazos cuando te dice «Ven».

Tiene Isabella Rosellini una máxima que debería patentar: a sus cincuenta años recién cumplidos dice que «a la edad sólo se la debe combatir con inteligencia y sentido del humor». Cuánta razón tiene. La risa es buena para la salud; prueba de ello es que cada día son más los especialistas que recomiendan esa terapia a sus pacientes porque está demostrado que alivia la tensión y la angustia de la gente. Si, por cualquier razón, me dieran a elegir entre una cara lisa, sin expresión, y otra con arrugas, no necesito decir que optaría por esta última. La arruga no es bella, pero es el espejo de quien las tiene.

Apostar por la belleza y la eterna juventud como bienes irreemplazables es una equivocación porque ambos valores tienen fecha de caducidad. Hay que liberarse de tanto corsé que nos oprime, de ahí la alegría que siente Isabella desde que dejaron de considerarla una *sex-symbol.* Hoy, según manifestó en su última visita a España, vuelca toda su energía y experiencia en su familia y en un proyecto que le está dando muchas satisfacciones.

Sería una torpeza cerrar los ojos a una realidad que provoca tanta polémica y controversia, y que en muchos casos se convierte en una enfermedad porque la presión que ejerce la sociedad sobre la mujer es demasiado pesada y no todas están preparadas para soportarla. Por muchos y buenos propósitos que tengamos, la realidad es que el físico condiciona la vida de mucha gente tanto a nivel profesional como afectivo, salvo en casos que podrían considerarse excepcionales. Está demostrado que, a igual preparación, conocimiento y experiencia, seleccionan antes a una guapa que a una fea, a una flaca que a una obesa. Son muchos los daños colaterales que provocan determinadas campañas de publicidad en las que la mayoría de las modelos rozan una perfección de ensueño. Lo que no quiere decir, en modo alguno, que haya que discriminar a la gente guapa, porque entonces estaríamos avalando lo mismo que denunciamos.

Por increíble que parezca, España se ha convertido en el país de la Unión Europea en el que más operaciones de cirugía estética se practican, según la Sociedad Española de Cirugía Estética, lo que demuestra hasta qué punto preocupa el tema de la belleza y la eterna juventud. No soy quién para aconsejar a nadie, pero de una cosa sí están seguros los buenos especialistas: la cirugía estética puede mejorar el cuerpo, pero no solucionará los problemas del alma.

Es frecuente que acudan al quirófano aquellas mujeres recién separadas o divorciadas, esperando que el bisturí les devuelva la lozanía de sus veinte años. La decepción viene cuando al quitarles el vendaje descubren que, aunque efectivamente tienen la misma nariz de Melanie Griffith, sus ojos han perdido aquella luminosidad y aquella picardía que hicieron enloquecer de pasión a su ex marido.

Dice Nacha Guevara que «el secreto de la juventud consiste en alcanzar un estado de equilibrio en el cual todos los niveles de nuestro sistema trabajan en armonía sincronizada. Todo lo que hacemos con nuestro cuerpo, nuestra mente y nuestras emociones tiene sus consecuencias. Es muy posible que, si nos maltratamos durante años, la imagen que el espejo nos devuelve no sea de nuestro agrado. Conozco a muchas personas que cuidan más de su coche que de su cuerpo y tratan su cuerpo sin el menor respeto y después se asombran de su deterioro o envejecimiento... Un antiguo proverbio hindú dice: "Si quieres saber cómo pensabas ayer, mira tu cuerpo hoy. Si quieres saber cómo será tu cuerpo mañana, observa tus pensamientos hoy". La vejez no es el enemigo, es solamente la culminación de los hábitos que hemos desarrollado a lo largo de la vida».[1]

Es indiscutible que las avanzadas técnicas de cirugía estética nos pueden ayudar a mejorar nuestro aspecto, pero que nadie espere milagros. Inmersas como estamos en esa lucha por que se nos reconozca nuestro derecho a disfrutar de la edad, a envejecer dignamente y bien, somos nosotras, y nadie más, quienes tenemos el deber y la obligación de decir «¡Se acabó!» tanto engaño, tanta palabrería hueca, tanto sueño imposible, y apostar por todo aquello que mejore nuestro aspecto físico sin sufrir.

Habrá quien piense que todo esto no es más que palabrería hueca, una tontería quizá, pero en la libertad de elegir está la razón. Tengo claro que la cirugía no está entre mis prioridades, que me niego a vivir pendiente de la báscula, a pasar a formar parte de ese porcentaje de mujeres que no se sienten a gusto con su cuerpo y que en Europa representa el 80 por ciento, lo que ha incrementado su presencia en los gimnasios, en la consulta de los

1. *Sesenta años no es nada*, Temas de Hoy, 2001.

dietistas, en los quirófanos, lo que no quiere decir en modo alguno que no me cuide para mantenerme lo mejor posible, siempre y cuando no ponga en peligro mi salud. Hay tantos tratamientos y algunos son tan eficaces que cada vez son más los hombres que acuden a los institutos de belleza en demanda de una buena limpieza de cutis o una mayor hidratación.

Para evitar caer en la tentación de operarme los párpados, que son mi punto más débil, he puesto frente a mi ordenador una foto de Jamie Lee Curtis, famosa actriz norteamericana, luciendo barriguita, michelines en la cintura, poderosos muslos, recias caderas y pechos como cántaros.

Lee Curtis, que se hizo famosa por tener un cuerpo diez, ha tenido la valentía de admitir públicamente que está arrepentida de haberse sometido durante años a continuas liposucciones, a inyecciones de botox (un preparado que paraliza y estira la piel), y a todo tipo de tormentos físicos que sólo le sirvieron para amargarle la vida y para que su psicoanalista se forrase: «Lo que nadie te dice es que si te quitas grasa de un lugar del cuerpo te vuelve a salir en otro. Es verdad que una se hace la ilusión de que después de pasar por eso vas a estar mejor, pero es una jodida mentira».

Se pregunta Terenci Moix, refiriéndose a esas amigas que se encuentran en lo que él denomina «hermosa menopausia»: «¿Por qué ha de mirar atrás la mujer teniendo posibilidad de mirar hacia delante? La pizpireta chica yeyé de los años sesenta dio paso a una mujer madura, responsable, asentada y más atractiva, si sabe valorar su atractivo presente en lugar de echar de menos el que perdió».

Sostener, como sostienen algunos, que la mujer a partir de los cincuenta es invisible me parece una soberana tontería. No me siento invisible, y tampoco la mayoría de las mujeres que conozco se ven así, salvo que no tengan mejor cosa que hacer que mirarse el ombligo. Quizá por eso cuestiono esa tendencia a «aparcar» a las mujeres maduras, condenándolas a vivir en un infierno de insatisfacción permanente sólo porque ya no tienen la misma piel de su juventud o adolescencia. Aplaudo y apoyo iniciativas como la de Dolce&Gabbana y Gaultier, al apostar por una modelo de setenta y tres años, Daphne Selfe, que fue fichada por esas dos marcas para promocionar —¡y aquí viene lo sorprendente!— su línea juvenil.

Hacía años que Selfe había abandonado las pasarelas para dedicarse a su familia, lo que le permitió encontrar el elixir de la eterna juventud practicando yoga, haciendo meditación, bebiendo dos litros de agua al día, cuidando su jardín, cosiendo y cuidando de sus cuatro nietos... Nunca pensó que se convertiría en un referente a su edad, pero así ha sido, y todas las mujeres debemos alegrarnos de que el fotógrafo Mario Testino la haya fotografiado sin maquillaje, provocativa, con las piernas al aire, mostrándola sin trampa ni cartón. Fue esa madurez espléndida de esta mujer lo que cautivó a Jean Paul Gaultier, que no dudó en llamarla y ofrecerle trabajo. Propuestas que ella nunca soñó que le harían: «Tengo que pellizcarme para darme cuenta de lo que realmente me está pasando».

La modelo ha confesado que reniega de la cirugía estética porque «lo más importante es saber envejecer con dignidad». A la muerte de su marido, a quien se había dedicado en cuerpo y alma, Daphne tomó de nuevo las riendas de su vida: «Cuando me quedé viuda tenía dos opciones: ser una viuda refugiada en mí misma, vivir de mis recuerdos o hacer cosas que me pudieran convenir. Como disponía de todo el tiempo del mundo, pensé: "¿Y por qué no puedo volver a trabajar otra vez como modelo?"». Sin dudarlo, se presentó a un casting que había convocado la revista *Vogue*. Lo hizo pensando que nadie se fijaría en ella, pero su sorpresa fue mayúscula cuando la eligieron para promocionar la silla-ascensor de la marca Stannah. El éxito fue el principio de una nueva vida.

Otro caso de mujer que ha logrado escapar de la tiranía que exigen los publicistas es la veterana Catherine Deneuve, fichada como modelo de L'Oréal a los cincuenta y siete años, para una línea dirigida especialmente a las señoras maduras. También Andie MacDowell, a sus cuarenta y cuatro años, resiste en la misma casa de cosméticos sin que ninguna jovencita le haga sombra.

Cuando se habla de la peligrosidad del tabaco deberían hacerlo también de la peligrosidad de la tiranía de la belleza, de la moda, de las dietas, consecuencia de las cuales son la anorexia y la bulimia que tantos estragos están ocasionando entre los más jóvenes. Hemos pasado de enfermedades como la tisis o la tuberculosis a otras de corte más moderno y que son, después de la obesidad y el asma, las más frecuentes no sólo entre las mujeres, sino también entre los varones.

No sé qué responsabilidad tienen los medios de comunicación, la publicidad, los diseñadores, por exaltar la extrema delgadez, pero estoy segura de que alguna sí. Pocas veces se elogia a una mujer curvilínea, a una mujer de peso y por su peso. La promoción de la juventud ha logrado imponerse como un rasgo permanente de la civilización moderna, de ahí la obsesión por formar parte de esa legión de cuerpos perfectos.

No sé si cuando los sociólogos dicen que los criterios sobre moda y belleza están modificándose expresan un deseo personal o una realidad porque, aunque es evidente que se notan algunos cambios, lo cierto es que éstos son muy lentos. Denuncias como las llevadas a cabo por las actrices Victoria Abril o Melanie Griffith, por la discriminación a la que se ven sometidas sólo porque han pasado la barrera de lo que algunos consideran la edad políticamente correcta, son un paso adelante para erradicar un problema que nos afecta a todas.

Ha declarado la actriz francesa Catherine Deneuve: «El consuelo del envejecimiento y de perder belleza es que ahora se habla mucho más de lo buena actriz que soy. Las mujeres de mediana edad tenemos ahora más poder que nunca, y eso hace que te vean con otros ojos».

Valorar tu vida y tu cuerpo no tiene que ver ni con la

edad ni con el peso, tiene que ver con la madurez, con la seguridad, que no es otra cosa que gozar de una mayor libertad, ser más sabia y comprensiva, pero sobre todo la edad te enseña a quererte un poco más.

Bobbi Brown, la maquilladora de los famosos (por sus pinceles han pasado las modelos, los actores y las actrices más populares del mundo) descubre en su libro *Beauty* un secreto de oro: «A partir de los cincuenta, la belleza se basa en los cuidados que una se prodigue: comer de forma saludable, beber agua, utilizar protector solar, ir al médico de forma regular a hacerse chequeos, mamografías... Más que nunca, en ese momento la belleza está basada en sentirse a gusto. Es un hecho que, cuando una se va haciendo mayor, se pierde color en los labios y en la cara. La gravedad hace estragos en la cara y en el cuerpo. El ejercicio es una de las cosas que aporta color al rostro y hace que una se sienta más joven. Nunca es demasiado tarde para apuntarse a un gimnasio. Es el momento también de simplificar tu estilo tanto en ropa como en maquillaje. He encontrado a menudo que la energía, la sonrisa y la felicidad no vienen por los cosméticos milagrosos en las mujeres de cincuenta, sesenta o setenta años, sino por lo que aflora desde dentro».[2]

En este horizonte que nos constriñe el alma y el cuerpo, son muchos los que han optado por potenciar las tallas grandes, debido a que cada día son más las personas

2. Boobi Brown, *Beauty*, Harper Style.

que sufren de obesidad. Una enfermedad que sigue estando muy mal vista por la sociedad, aun a sabiendas de que provoca 30.000 muertes al año, lo que ha motivado que la Organización Mundial de la Salud la haya definido como una «epidemia» cuyo impacto económico en el sistema sanitario se estima en 2.050 millones de euros. Es aún más peligrosa que la anorexia, porque la obesidad es una enfermedad crónica para la que no hay solución y que se puede desencadenar por múltiples y diferentes razones: un embarazo, dejar de fumar, la convalecencia después de una operación o la menopausia, pero muy especialmente por la comida.

Saber comer es un arte. Una materia que debería enseñarse en las guarderías, en los institutos, en la universidad y en la propia casa, porque la vida es un continuo aprendizaje. COMER MENOS Y GASTAR MÁS ENERGÍA es la regla de oro para toda aquella que quiera disfrutar de una mejor calidad de vida, que es, a fin de cuentas de lo que se trata.

UNA IMAGEN VALE MÁS QUE MIL PALABRAS

El gran premio es sentirte útil.

TANIA CORTADELLAS

No quisiera terminar este libro sin entonar la parte de mea culpa que me corresponda por la imagen que de la mujer damos en los medios de comunicación, pero muy especialmente en televisión, que es el que más repercusión tiene en la vida. No sé si los periodistas y los medios audiovisuales pecamos por defecto o por exceso, ya que las mujeres que más tiempo y espacio ocupan no son siempre el mejor ejemplo a seguir. Dicho lo cual, hay que señalar en nuestra descarga que, siendo como somos mayoría de mujeres en las redacciones, en la administración, se pueden contar con los dedos de una mano las que ostentan el poder. Una deficiencia imperdonable ya que sólo desde los puestos de responsabilidad es desde donde se pueden cambiar comportamientos.

Según un estudio realizado por Pilar López Díaz y auspiciado por el Instituto de la Mujer y el Instituto Oficial de Radio y Televisión, los hombres aparecen cuatro veces más que las mujeres en los telediarios. Para avalar estos datos, la autora ha estudiado los informativos del mediodía de cuatro cadenas de alcance nacional: Radio

Nacional de España, la cadena SER, Onda Cero y la Cope, emitidos en días laborables de junio del pasado año. En cuanto a la televisión, ha analizado los informativos de las cuatro cadenas nacionales que emiten en abierto: los telediarios del mediodía de la Primera de TVE, Telecinco, Antena 3 y el nocturno de la Segunda cadena de TVE. El resultado no ha podido ser más esclarecedor y deprimente a la vez:

De cada cien entrevistados, 18 eran mujeres y 82 hombres. Mientras que el reparto del tiempo era: ellas dispusieron del 15 por ciento del tiempo y ellos del 85 por ciento de las 911 noticias analizadas. Sólo la 2 destaca sobre todas las demás cadenas por conceder una mayor atención a las mujeres alcanzando un porcentaje del 34 por ciento, que no es el deseable pero al menos apunta maneras.

Con mucha mayor frecuencia que los hombres, las mujeres aparecen en los informativos audiovisuales en su calidad de familiares de otras personas y no como protagonistas. En cambio, los hombres sí aparecen en la mayor parte de los casos en su faceta profesional. Y lo más llamativo: a la hora de presentar víctimas casi siempre se opta por las mujeres. Eso en cuanto a la televisión, porque la situación en las radios es peor aún: 15 por ciento de las menciones y 9 por ciento del tiempo para las mujeres de las 885 noticias analizadas.

Porcentajes todos que, si nos atenemos a lo que diariamente ocurre en las redacciones, podríamos pensar que no se corresponden con la realidad, ya que la presencia de la mujer en las redacciones es prácticamente la misma que la de los hombres: el 47 por ciento de los redactores de informativos de la radio y el 41 por ciento de los informativos de las televisiones son mujeres. Siendo así, ¿por qué entonces no llegan a ocupar los puestos directivos? Si son listas para hacer reportajes, para contar lo que ha ocurrido en el Consejo de Ministros, en el Congreso de los Diputados, ¿por qué quienes mandan, quienes ostentan el poder, quienes deciden qué programas se hacen o dejan de hacer, qué ropa hay que ponerse para salir en pantalla, son los hombres?

Siendo así las cosas, es lógico pensar que la responsabilidad de lo que aparece en la pequeña pantalla sea suya y de nadie más. El hecho de que se valore la belleza y la juventud como bienes supremos demuestra qué tipo de mujer son las que les gustan. Resulta revelador que, habiendo como hay tanta y tan buena profesional, sólo aparezcan en pantalla cuatro o cinco mujeres que han pasado la barrera de los cincuenta de entre un ejército de ellas que permanecen aparcadas en las redacciones o a punto de jubilarse ante la falta de estímulos profesionales.

Son la excepción Teresa Campos, Rosa María Mateo, Cristina García Ramos, Rosa María Calaf o Mercedes Milá, ya que el resto no pasan de la treintena, y lo digo sin acritud. Porque esta política, que puede ser acertada cuando se trata de programas de puro entretenimiento, es preocupante cuando se trata de presentar un informativo.

¿Cómo vamos a creernos lo que dice una jovencita si es evidente que no tiene seguridad en la forma de decir las cosas y que si no fuera porque va leyendo lo que dice en el *autocue* no podría pronunciar tres frases seguidas?

Tampoco es casual la imagen que de algunas de ellas se quiere ofrecer: escotes pronunciados, labios carnosos, melenas leoninas, todo lo que pueda distraer al espectador para evitar que se fije en la noticia y la información pura y dura. Así que lo que empezó siendo un juego de palabras, «Ser chica de...», se ha convertido en la mejor fórmula para potenciar a unas y discriminar a quienes hicieron posible que las mujeres tengamos hoy los mismos derechos que los hombres sobre el papel, porque ya vemos que a la hora de la verdad todavía queda mucho camino por recorrer.

Al contrario de lo que ocurre en España, los presentadores de los informativos de las grandes cadenas de televisión internacionales son gente, hombres y mujeres, que han sobrepasado la barrera de los cincuenta o de los sesenta, porque es a esa edad cuando se supone que están lo suficientemente preparados como para tomar en sus manos el peso de la información política, económica o laboral. Lo normal tratándose de una información que requiere años de experiencia tras una mesa, en la calle, en el Parlamento.

Dice Rosa María Calaf: «La especialización, la solvencia, la seriedad y el rigor se tienen menos en cuenta que la capacidad de frivolizar la información, de convertir la noticia en espectáculo. Así, mientras que los telediarios ingleses o norteamericanos basan su credibilidad en que el presentador o presentadora lleve a cabo ese trabajo durante años, en las cadenas españolas con frecuencia se decide cambiar o renovar los informativos, y eso pasa, ineludiblemente, por poner una cara nueva, casi siempre joven y desconocida. Dan Rather, que tiene a su cargo el informativo de la CBS, ya era un reputado reportero cuando murió Kennedy, pero tuvieron que pasar veinticinco años para que pudiera presentar un informativo, y ahí sigue todavía.

»Todo esto —insiste la corresponsal de TVE— es aplicable a hombres y mujeres. Donde curiosamente está cambiando el panorama es en las zonas de conflicto para medios internacionales. Desde que yo empecé, hace veinticinco años, ha aumentado el número de mujeres en una profesión que no es una actividad secundaria en su vida. Pero todavía seguimos siendo minoría, quizá porque las propias mujeres priorizan la familia, la seguridad física, material y sentimental. Yo, en cambio, siempre quise estar donde se pudiera vivir la historia en directo, para contarla a quienes no tienen la oportunidad de estar allí».

No es infrecuente encontrar a una profesional de la talla de Rosa María Calaf informando desde las zonas más conflictivas y desfavorecidas del planeta. Ella siempre quiso ser corresponsal. Estudió derecho pensando en dedicarse a la diplomacia, y luego periodismo. Pero enseguida vio que lo que ella quería contar sólo podía hacerlo desde la prensa y desde el lugar de los hechos: «Decidí que quería ser corresponsal en Estados Unidos, la Unión Soviética, Hispanoamérica, Europa y Asia. Y me preparé con determinación para ello. Conociendo otras culturas y otras gentes se aprende a ser tolerante, y sólo la tolerancia permite el ejercicio de la libertad. Supongo que quienes tienen el poder de decidir valoran mi capacidad de adaptación, mi tenacidad, mi, creo, honestidad intelectual... La verdad es que llevo dieciocho años residiendo en el extranjero sin interrupción. Lo más difícil es estar lejos de la familia, de los amigos, porque yo me tengo que hacer una "vida" cada cuatro años. Buscar nuevos amigos, la librería donde encuentras lo que quieres, el peluquero que te tiñe a tu gusto, el bar con el mejor café y un ambiente agradable, el restaurante, el quiosquero. Y de nuevo cada cuatro años lo abandonas todo. Es triste y alegre a la vez. Lo mejor es que tienes lugares y amigos en todas partes. El teléfono y el correo electrónico te permiten casi siempre levantar la moral... Yo no tengo problemas de soledad. Incluso la disfruto. A la familia la veo varias veces al año. Salto a España siempre que puedo, aunque sólo sea por unos días. Además, mi madre, mi hermano, mis cuñadas y mis sobrinos vienen a verme. Son todos grandes viajeros. En realidad, lo más duro es la responsabilidad del compromiso contigo mismo y con los demás. La angustia de confirmar informaciones, de ser imparcial y objetiva».

Es indudable que todavía es la mujer la que tiene que sacrificar parte de su libertad, de sus sueños, por dedicarse a hacer lo que le gusta, aunque en este asunto como en tantos otros Rosa María lo tiene claro: «Desde mi infancia, que fue feliz, armoniosa y sin más traumas que los normales, siempre tuve claro que no quería tener hijos. Mi realización como persona no pasa por la maternidad. Me parece una responsabilidad enorme que no estoy segura de saber y poder cumplir. Cuando tomé ya, a mis veintipico años, la decisión, reflexiva y definitiva, me basé en la convicción de que no hubiera sido justo para mis hipotéticos hijos tener que aceptar mi forma de vida y mis proyectos, que no pensaba en absoluto cambiar. Hasta hoy no he tenido ni un segundo de duda respecto a lo acertado de esa decisión».

Mención aparte merece también Teresa Campos, que lleva doce años enfrentándose al reto diario de las audiencias. Una prueba de fuego que revalida día a día con enorme éxito, lo que la ha convertido en el buque insignia de la tele.

Recuerdo una conversación que mantuve con Juan José Díaz, ex director general de Antena 3, días antes de empezar un programa que pretendía competir con el *Día a día* de María Teresa: «Ganar a Teresa es prácticamente imposible, porque cuando esa mujer entra en un plató ya sabemos que ha ganado la batalla». Efectivamente, pocas profesionales son capaces de conectar con el público como lo hace la Campos.

Diría que la cámara la quiere no porque sea una mujer

de una belleza espectacular o tenga unas medidas como las de la Schiffer, la quiere porque es una profesional de primera fila, una periodista «muy válida» que lo mismo hace entrevistas que información política o crónica del corazón. En todos los géneros se siente cómoda y de todos disfruta. Sólo tiene una asignatura pendiente, presentar un informativo. «Ahora ya no, pero a mí me ha costado mucho trabajo llegar porque empecé en la televisión con cuarenta años, en una época en la que lo que se vendía era la imagen de la mujer joven. Yo no lo era, aunque si lo pienso era jovencísima, no era alta y tampoco una modelo, ¡claro que tampoco era un esperpento! A mí me han hecho críticas no por los contenidos de mis programas, que muchos no se molestaban en ver, sino por el tipo de mujer que yo era. Pero es que yo, con el mayor respeto para las amas de casa, nunca lo he sido. Yo he trabajado desde los quince años y nunca he estado metida en mi casa. Yo pertenezco a una generación de mujeres que eran una excepción porque trabajaban».[1]

La vida profesional de Teresa Campos no ha sido un camino de rosas, ni mucho menos. Comenzó en Radio Juventud de Málaga siendo una niña, casi por casualidad, de la mano de su hermano. Pronto empezó a dar muestras de que no era una niña cualquiera. Tenía una bonita voz y leía con soltura cuantos textos caían en sus manos, de forma que poco a poco fue tomándole el pulso a una

1. *Diez Minutos*, 26 de octubre de 2001.

profesión que se convertiría en la gran pasión de su vida. Como tantas otras mujeres de la época, compaginaba sin quejarse su vida familiar y su vida profesional. Nadie podrá decir que en ambas no ha triunfado, porque sus dos hijas, Terelu y Carmen, son para ella su razón de ser.

Constante y ambiciosa como era, a la menor oportunidad que tuvo, que no fue hasta cumplidos los treinta, se matriculó en la Facultad de Filosofía y Letras. Su paso por la universidad le dejó un regusto por la política que sigue vivo, una rebeldía por las injusticias sociales que no ha perdido, prueba de ello es que ha luchado denodadamente por incorporar a su matutino una tertulia política que es la de mayor audiencia de la tele en esa franja horaria. Lo que demuestra hasta qué punto ha ido consiguiendo todo lo que se ha propuesto en la vida, quizá porque, como ella dice: «A la vida, a la edad, quiero sacarle todo el jugo que se le pueda sacar. Si yo tengo una vejez con salud, seguro que le sacaré partido y disfrutaré muchísimo».

Aprovechar la experiencia, la capacidad intelectual de tantas y tan buenas profesionales como hay, no significa que haya que cerrar la puerta a los jóvenes, ni a los hombres ni a las mujeres, sino todo lo contrario. Conozco a estupendos reporteros que, de seguir su camino sin prisa pero sin pausa, podrán llegar a ser, si se les deja, magníficos profesionales, pero a su tiempo.

Si algo bueno tienen los jóvenes de ahora y que no teníamos quienes llevamos treinta años en esta profesión es que cuando acceden a un medio lo hacen con una magnífica preparación, que, sin embargo, de nada les servirá si pretenden empezar la casa por el tejado.

A mediados de los setenta estuvo de moda ser reportero tipo Miguel de la Cuadra Salcedo. No conozco a ninguno que llevase a buen término sus sueños. En los últimos años la moda es presentar programas del colorín, porque suponen que van a alcanzar la gloria. Y puede que tengan razón. Hoy cualquiera con un poco de desparpajo puede convertirse en una estrella mediática; basta haber tenido una hija con un torero conocido, haberse acostado con el ex de la hija de una folclórica, o con una artista o personaje de renombre para que les lluevan las ofertas. Un fenómeno que tiende a devaluar la profesión, del que son culpables los responsables de las empresas mediáticas, a los que nadie parece pedir cuentas por permitir que esas cosas sucedan en televisión. Un medio que debería ser el espejo en el que se mirasen tantos buenos estudiantes o trabajadores como hay, sin perder, por supuesto, el concepto de entretenimiento y espectáculo que debe tener un medio audiovisual.

Camas revueltas

Pero lo más preocupante es que nunca como ahora la imagen de la mujer había estado tan unida a los asuntos de cama. Basta que cualquier jovencita se acueste con alguien medianamente conocido, salga en televisión y lo cuente, para que se le firme un pasaporte con destino al cielo, sin ni siquiera hacer transbordo en el limbo. Con este panorama, es lógico que quienes se esfuerzan por trabajar y estudiar piensen si no sería mejor soltarse la melena. Tal y como están las cosas, pueden conseguir mucho más dinero y con mucho menos esfuerzo.

Apostar por el divertimento, por la información rigurosa y seria, por el espectáculo sin caer en lo zafio, debería ser obligatorio en medios como la televisión, que tanta repercusión tienen. Pero eso significaría apostar por la calidad —lo que no excluye a los programas de corazón—, por profesionales que sepan de lo que hablan.

Corremos el riesgo de que, ante la avalancha de gente que proviene de programas como *Gran Hermano* o *Crónicas marcianas*, la televisión termine convirtiéndose en un estercolero donde sólo queden unas islitas en las que se pueda respirar aire puro. Y lo digo con conocimiento de causa. Mucho más rentable que cualquier comentarista político o social son los que nada tienen que perder. Si alguien les dice que tienen que quitarse el sujetador se lo quitan si con eso sube la audiencia; si tienen que insultar, ridiculizar, u organizar la marimorena en un plató, no pasa nada, lo hacen con la mejor de las sonrisas. Algo que no harían nunca una Olga Viza, una Ana Blanco, una Concha García Campoy, un Hilario Pino, un Matías Prats o un Lorenzo Milá. Con un agravante: si alguna ventaja tienen estos famosos kleenex —de usar y tirar— frente a los profesionales de verdad, es que nunca le van a dar un disgusto al jefe o al conductor del programa, porque ellos sí son políticamente correctos. De manera que no me extrañaría nada que llegue el día en que veamos a Coto Matamoros o a Sonia, la de *Gran Hermano*, presentando un informativo en hora de máxima audiencia.

Un mundo donde ya no tienen cabida profesionales como Carmen Sarmiento, y tantos otros buenos profesionales que han tenido que abandonar la televisión o permanecer en ella sin apenas responsabilidades laborales debido a presiones políticas o porque han pasado la barrera de los cincuenta y cinco, es un mundo que padece una grave enfermedad. La sociedad no puede desperdiciar ese capital humano e intelectual sólo porque la que viene es una mano de obra más barata o más dócil. Quienes apuestan por esto, en el pecado llevarán la penitencia, porque tampoco esos que con tanta ligereza que dirigen hoy algunos medios se librarán de que un día un jefecillo les diga: «Gracias por los servicios prestados, puedes irte a tu casa, ya no te necesitamos».

Aprender del que sabe debería ser obligatorio. Y de igual manera que Emilio Romero creó una escuela en el diario *Pueblo* de donde salieron personajes de la talla de Juan Luis Cebrián, Arturo Pérez Reverte, Raúl del Pozo o Carmen Rigalt; Luis María Anson en *ABC*, o Pedro J. Ramírez en *El Mundo*, no hay en televisión nadie que haya dejado su santo y seña ni se le pueda considerar maestro de nada.

A veces pienso qué habría sido de mi vida si no hubiese tenido a mi lado a Carmen Conde, primera mujer académica de la lengua, que tan buenos consejos me dio; a su marido, el escritor Antonio Oliver, que me enseñó a amar la poesía y la literatura; a Francisco Sánchez-Castañer, catedrático de literatura hispanoamericana; a Sergio Rábade, catedrático de filosofía; al propio Emilio Romero, que tanto confió en mí... y tanta y tanta gente como he encontrado en el camino de la vida y a los que les estoy muy agradecida, porque sin ellos seguramente no sería lo que soy.

APOSTAR POR LA VIDA

En todo despertar hay una parte de sueño.

HANAN AL SHAYKH

Hay asignaturas que no se enseñan en las escuelas, ni siquiera en las universidades, y que se aprenden conforme transcurre nuestra vida. Saber envejecer, estar sola o vivir sola son algunas de ellas, y sin duda requieren un duro aprendizaje, porque todo cuanto nos rodea es un cántico a la juventud, a la belleza, al éxito, a los cuerpos Danone, a los pechos Wonderbra, a la cirugía estética, al amor perfecto, al acompañante ideal y a la pasión sin freno. Un aprendizaje que debes empezar cuanto antes, hoy mejor que mañana.

Haz un balance de lo que ha sido tu vida y de lo que te gustaría que fuera de los cincuenta en adelante. No te engañes, no utilices trucos, tienes que ser valiente y desnudarte de cuerpo y alma, sabiendo que nadie te mira, que esa figura que te devuelve el espejo es la tuya, tal como te ha modelado el tiempo.

Hecho esto, coge lápiz y papel. Anota los logros conseguidos: un marido o una relación que te satisface, hijos, trabajo, amigos, casa, etcétera. En un segundo folio enumera todo aquello en lo que creas que te has equivocado:

un matrimonio que te produce más insatisfacciones que otra cosa —unos hijos que se han ido del hogar familiar y a los que apenas ves...—, en fin, todo aquello que te produzca soledad o angustia. En la tercera y última lista pon qué te gustaría cambiar de tu vida, qué cosas te gustaría hacer que no has hecho, cuáles son tus metas. Olvídate de la edad, piensa sólo en tu presente y en tu futuro. La lucha es vida.

Si al llegar a este punto te das cuenta de que no tienes la fuerza o el ánimo necesarios para emprender proyectos nuevos, mi consejo es que acudas a alguna de las muchas asociaciones que hay en nuestro país. Asociaciones de viudas si lo eres; de separadas o divorciadas si ése es tu caso, y si lo que verdaderamente te preocupa es el tema de la edad, acude a quien pueda enseñarte a envejecer, sabiendo que no tienen pócimas milagrosas, pero que te vas a encontrar con mujeres con tus mismos problemas. Todas tienen un denominador común: desean mejorar la vida de las mujeres, de todas sin distinción de clases. ¿Cómo? Luchando, porque no hay más cera que la que arde.

Desde hace un año funciona en Madrid la Asociación de Mujeres por un Envejecimiento Saludable (AMES), que cuenta con un centenar de socias y tiene como objetivo prioritario «Apostar por la vida». Una regla de oro para quienes tienen todo un mundo por delante.

La idea de asociarse surgió, según cuenta Mariqueta Vázquez Albertino, su presidenta, en unas jornadas que se celebraron en Madrid, en abril de 2001, sobre «Mujer y salud» y donde se trató el tema del envejecimiento: «Nos dimos cuenta de que no se trataba bien el tema del envejecimiento, ya que el aumento de la esperanza de vida, la disminución de la tasa de natalidad y la mejora de las condiciones sanitarias en nuestra sociedad estaban generado un crecimiento de la población de las personas mayores, siendo las mujeres el colectivo más numeroso. Fue esto lo que nos animó a trabajar más activamente en un asunto que tarde o temprano nos afectará a todos, y en el que por nuestra experiencia tenemos mucho que decir y mucho que hacer. Cuando hablamos de envejecer, lo hacemos distanciándonos de los jóvenes, cuando es a ellos a los que corresponde hacer el relevo generacional. No podemos envejecer solas, de manera que habrá que averiguar cómo está envejeciendo la familia como institución. También demandamos una mayor presencia de la mujer madura, o mayor, como prefieras, en los medios de comunicación. De igual manera que las viudas han alzado su voz para conseguir un aumento en sus pensiones, nosotras vamos a alzar la nuestra para conseguir una mayor calidad de vida de las mujeres en una edad en la que hay mucho por hacer. Prueba de ello es que somos las mujeres las que más libros leemos, las que más museos visitamos, las que acudimos a más conferencias, y por supuesto las que más televisión consumimos. Nuestra obligación es motivar a aquellas mujeres que, por distintas razones, no tienen fuerzas para hacerlo solas. Motivarlas para que salgan de casa y se incorporen a una sociedad que nos urge cambiar, humanizándola».

«Por eso es tan importante seguir en activo —dice Montse Tarrero Seral, vocal de la AMES—, seguir luchando. Cada vez hay más gente de la tercera edad, pero no sabemos qué hacer con ellos. Hay que trabajar codo con codo con los ayuntamientos, con las comunidades, para saber qué tipo de vida queremos para nuestros padres, que será la nuestra dentro de unos años, y si es mejor que vivan en sus casas o en residencias. Sólo en Madrid faltan 15.000 plazas, de manera que hay que buscar nuevas fórmulas de habitabilidad. Ya se han hecho experimentos que han resultado muy positivos, como los apartamentos tutelados, que permiten una mayor movilidad e independencia a los mayores... Si las mujeres hemos hecho la revolución más profunda e importante del siglo xx, no podemos quedarnos en el dique seco sólo porque hemos llegado a una determinada edad. Si el amor y la amistad son cuestión de coco y cultura, el envejecimiento debe serlo también.»

No digo que la AMES sea la panacea a todos los males, pero sí una opción que puede ampliarse, tal como pretenden sus mecenas, un grupo de mujeres —unas cien por ahora— con muchas ganas de seguir luchando, con mucha marcha, dispuestas a invertir el tiempo que les queda libre en mejorar nuestra calidad de vida, la suya y la nuestra. Algo en lo que también tú puedes colaborar, porque, como bien dice mi amiga Paty Galatas: «La felicidad es hacer lo que deseas, desear lo que haces, y no soñar tu vida, sino vivir tu sueño».

BEST SELLER

Los pilares de la Tierra, Ken Follett
Alto riesgo, Ken Follett
La casa de los espíritus, Isabel Allende
Baudolino, Umberto Eco
Armonía rota, Barbara Wood
Sushi para principiantes, Marian Keyes
Yo, puta, Isabel Pisano
El Salón de Ámbar, Matilde Asensi
Iacobus, Matilde Asensi
Como agua para chocolate, Laura Esquivel
Tan veloz como el deseo, Laura Esquivel
El amante diabólico, Victoria Holt
Hielo ardiente, Clive Cussler
A tiro, Philip Kerr
Las chicas buenas van al cielo y las malas a todas partes, Ute Herhardt
Claire se queda sola, Marian Keyes
La soñadora, Gustavo Martín Garzo
Fuerzas irresistibles, Danielle Steel
Casa negra, Stephen King y Peter Straub
El resplandor, Stephen King
Corazones en la Atlántida, Stephen King
IT, Stephen King
Dioses menores, Terry Pratchett
Brujerías, Terry Pratchett
Picasso, mi abuelo, Marina Picasso
Saltamontes, Barbara Vine
Chocolat, Joanne Harris
Muerte en Cape Cod, Mary Higgins Clark

DEBOLS!LLO

CONTEMPORÁNEA

Cien años de soledad, Gabriel García Márquez

El otoño del patriarca, Gabriel García Márquez

Crónica de una muerte anunciada, Gabriel García Márquez

El amor en los tiempos del cólera, Gabriel García Márquez

El coronel no tiene quien le escriba, Gabriel García Márquez

Los funerales de la Mamá Grande, Gabriel García Márquez

El general en su laberinto, Gabriel García Márquez

Increíble y triste historia de la cándida Eréndira y de su abuela desalmada, Gabriel García Márquez

La mala hora, Gabriel García Márquez

Ojos de perro azul, Gabriel García Márquez

Cuentos de Eva Luna, Isabel Allende

Diario de Ana Frank, Ana Frank

La isla del día de antes, Umberto Eco

India, V.S. Naipaul

Una casa para el señor Biswas, V.S. Naipaul

El inmoralista, André Gide

El maestro y Margarita, Mijaíl Bulgákov

Por la parte de Swann, Marcel Proust

Encerrados con un solo juguete, Juan Marsé

Esperando a los bárbaros, J. M. Coetzee

Caballería Roja/Diario de 1920, Isaak Bábel

DEBOLSILLO

ENSAYO

La Galaxia Internet, Manuel Castells

Fast Food, Eric Schlosser

Articulos y opiniones, Günter Grass

Anatomía de la agresividad humana, Adolf Tobeña

Vivan los animales, Jesús Mosterín

Cuaderno amarillo, Salvador Pániker

Fuera de lugar, Edward Said

Las batallas legendarias y el oficio de la guerra, Margarita Torres

Pequeña filosofía para no filósofos, Albert Jacquard

Tras las claves de Melquíades, Eligio García Márquez

Pájaro que ensucia su propio nido, Juan Goytisolo

El mundo en un click, Andrew Shapiro

Felipe V y los españoles, Ricardo García Cárcel

¿Tenían ombligo Adán y Eva?, Martin Gardner

Comprender el arte moderno, Victoria Combalía

El mito de la educación, Judith Rich Harris

La conquista de la felicidad, Bertrand Russell

AUTOAYUDA

Caminos de sabiduría, Wayne W. Dyer

Tus zonas sagradas, Wayne W. Dyer

La undécima revelación, James Redfield

Todo lo que necesitas saber para educar a tus hijos, Bernabé Tierno Jiménez

Soy mujer y pretendo trabajar, Lídia Guinart

Cómo decir no sin sentirse culpable, Patti Breitman y Connie Hatch

Educar adolescentes con inteligencia emocional, Varios autores

Padres a distancia, William Klatte

Hambre a la moda, Mary Pipher

El vendedor más grande del mundo, Og Mandino

El vendedor más grande del mundo II, Og Mandino

Clásicos

Don Quijote de la Mancha, vols. I y II, Miguel de Cervantes. *Edición de Florencio Sevilla Arroyo*

Poema de Mio Cid, *Edición de Eukene Lacarra Lanz*

El conde Lucanor, Don Juan Manuel. *Edición de José Manuel Fradejas Rueda*

La Celestina, Fernando de Rojas. *Edición de Santiago López Ríos*

Poesía, Jorge Manrique. *Edición de Giovanni Caravaggi*

Poesía, Garcilaso de la Vega. *Edición de José Rico Verdú*

Lazarillo de Tormes. *Edición de Florencio Sevilla Arroyo*

La vida del Buscón, Francisco de Quevedo. *Edición de Edmond Cros*

Peribáñez y el Comendador de Ocaña, Lope de Vega. *Edición de José María Díez Borque*

La vida es un sueño, Pedro Calderón de la Barca. *Edición de Enrique Rull*

Don Juan Tenorio, José Zorrilla. *Edición de Jean-Louis Picoche*

Rimas, Gustavo Adolfo Bécquer. *Edición de Enrique Rull*

21

Breve historia de la inmortalidad, Antonio Álamo

Hijo de Jesús, Denis Johnson

Para una niña con una flor, Vinicius de Moraes

Algo supuestamente divertido que nunca volveré a hacer, David Foster Wallace

Omon Ra, Viktor Pelevin

La disco rusa, Vladimir Kaminer

Los nuevos puritanos, Varios autores

Q, Luther Blisset

DEBOLS!LLO